论语通解

（春秋）孔丘 著
邹憬 通解

北京联合出版公司
Beijing United Publishing Co., Ltd.

图书在版编目（CIP）数据

论语通解 /（春秋）孔丘著；邹憬通解．
—北京：北京联合出版公司，2015.7（2023.8重印）
ISBN 978-7-5502-3873-2

Ⅰ.①论… Ⅱ.①孔… ②邹… Ⅲ.①儒家②《论语》
-研究 Ⅳ.①B222.25

中国版本图书馆CIP数据核字（2015）第143331号

论语通解

作　　者：（春秋）孔丘
通　　解：邹　憬
出 品 人：赵红仕
选题策划：梁明德　邵鹏军
责任编辑：王　巍
特约编辑：刘文硕
封面设计：格林文化
版式设计：格林文化

北京联合出版公司出版
（北京市西城区德外大街83号楼9层　100088）
三河市延风印装有限公司　新华书店经销
字数210千字　960毫米×640毫米　1/16　印张19
2015年9月第1版　2023年8月第3次印刷
ISBN 978-7-5502-3873-2
定价：44.00元

目录

前　　言

《论语》其书

《论语》，是一部记录孔子及其弟子言行的语录体著作。其主体内容在春秋后期已集成，后经孔子弟子及再传弟子代代传授补充，逐渐形成现今看到的样子。一般认为，其在战国初期汇辑编纂成书，所以称“论”；又因多记录言谈，所以叫“语”。

据《汉书·艺文志》记载，《论语》到汉代出现了三个版本——今文《鲁论语》二十篇、今文《齐论语》二十二篇、古文《论语》二十一篇。三家篇次、文字多有不同，亦各有师承。西汉末，安昌侯张禹整合《鲁论语》和《齐论语》的内容为一本，号曰《张侯论》。由于他是汉成帝的老师，位高威盛，所以他整理的这个本子得以大行于世，现今《论语》也基本是东汉郑玄结合《张侯论》和古文《论语》后的传本。

关于《论语》的“经”典地位，则是一个不断“封神”的故事。《汉书·艺文志》承袭西汉末年成书的《七略》，虽将《论语》与《易》《书》《诗》《礼》《春秋》等经典一起著录在《六艺略》中，不过是作为传述经典的“传记”来看待。东汉年间刻太学石经，以正五经文字时，将《论语》和《孝经》囊括其中，从此《论语》开始具备了经典的地位。到晚唐时期，《论语》被列入经书，但不进入科举考试范围，所以地位仍旧不高。入宋，《论语》成为当时朝廷颁定的《十三经》之一，又经朱熹等人的推动（朱熹选入“四书”），遂在之后的很长时间内成为科举考试的重要科目。明清两代，皇帝、大儒、八股取士等因素合力，将《论语》的地位推到极致。

孔子其人

孔子（前551—前479），名丘，字仲尼，鲁国陬邑（今山东曲阜东南）人。我国伟大的思想家、教育家，儒家学派的创始人，曾被尊为“至圣”“素王”。

孔子祖先本宋国贵族，其六世祖孔父嘉在宫廷内乱中被杀，后人为避祸由宋奔鲁，遂定居在鲁国。到孔子父亲叔梁纥一代，已家世衰落。孔子三岁时，叔梁纥死。鲁国较为完整地保存了周朝的礼乐制度和文化传统，孔子熏染其中，逐渐成长为闻名遐迩的知礼之人。

孔子在仕途上曾有过短暂辉煌，但总体来说却是不得意的。鲁定公八年（前502），季氏家臣阳货作乱失败后叛鲁奔齐，孔子出仕，后升大司寇，主管司法，有相当实权。他想靠自己的职位实行“仁政”，却最终不为季孙、叔孙、孟孙三家所容，不得已离开鲁国，周游天下，寻求实现政治理想的机会。游历卫、陈、蔡、宋等国，经受许多困顿磨难后，孔子于鲁哀公十一年（前484）回到鲁国。之后，他便专心于古代典籍的整理工作，并于鲁哀公十六年去世。

在政治上的不得志，使孔子将精力放在教育上。鲁定公初年，大夫季氏专鲁国之权，其家臣阳货又挟制季氏，国家处于“陪臣执国命”的状况，阳货极力劝孔子出仕，孔子不从，创办私学，从事平民教育事业。其后一生，即使在周游列国时，孔子的教育事业也从未停辍，有不少弟子折服其德行，跟随他终生，于是留下了“弟子三千，贤人七十二”的伟业。

《论语》传承

“半部《论语》治天下”，也许现代的我们达不到宋朝宰相赵普那样高的水平，但是通过阅读、领会《论语》，我们能学到许多做人处世道理，这点却是毋庸置疑的。《论语》在几千年的传承过程中，影响教育了一代又一代的中国人，浸润着人们的心田，荡涤着人们的灵魂，塑造着人们的精神性格。历代先贤对《论语》和孔子的赞誉，已不需赘述，只要沉吟文字，细细品味，我们就能领略到圣人历久弥新的教诲和智慧，正所谓大道无形，大音希声。

透过文字，我们仿佛和智者正面晤对，聆听他“性相近，习相远”的人性思想，“有教无类”的教育主张，“任人唯贤”的人才观念，“不愤不启、不悱不发”“学而不思则罔，思而不学则殆”的学习方法……

关于本书

本书包括正文、注释和译文三部分。正文根据杨伯峻先生的《论语译注》，并参考其他版本校勘。注释重在字词释义、注音、用法这些方面；译文与注释配合，已注释部分在译文里常用意译，以求文字的流畅。另有发挥、不遵常规处，还请读者宽怀视之。

邹憬

2012 年 10 月

学而第一

一

子[①]曰:“学而时习之，不亦说[②]乎！有朋自远方来，不亦乐[③]乎！人不知而不愠[④]，不亦君子[⑤]乎！”

注释

①子：《论语》中“子曰”的“子”都是指孔子。

②说 yuè：同“悦”。心情愉快。

③乐：高兴的样子，表现出来的快乐。

④愠：怨恨。

⑤君子：品德高尚的人。

译文

孔子说:“学习过后，能经常温习一番，不也是很高兴的吗！有朋友从远方来，不也是很快乐吗！别人不了解我，我并不怨恨，不也是君子吗！”

二

有子[①]曰："其为人也孝弟[②]，而好犯上者，鲜[③]矣；不好犯上，而好作乱者，未之有也[④]。君子务本，本立而道生。孝弟也者，其为仁之本与[⑤]。"

注释

①有子：孔子的学生。姓有，名若，比孔子小33岁。

②孝弟：孝，指对待父母要孝顺。

弟，通"悌"。指弟弟对待兄长的正确态度。

③鲜 xiǎn：少。

④未之有也：是"未有之也"的倒装形式。

⑤仁：即"人"。与：同"欤"。语气助词。

译文

有子说："孝敬父母、尊敬兄长，却好冒犯上级的人是极为少有的；不好冒犯上级，而好作乱的人从未有过。君子潜心于根本的事情，根本确立了，道自然也就产生了。孝悌一类的规范，实为做人的根本所在。"

三

子曰："巧言令色[①]，鲜矣仁。"

注释

①巧言：花言巧语。令色：和善的面貌。

译文

孔子说：“一个花言巧语貌似和善的人，其仁爱是微乎其微的。”

四

曾子[①]曰：“吾日三省[②]吾身：为人谋而不忠乎？与朋友交而不信[③]乎？传[④]不习[⑤]乎？”

注释

①曾子：名参，字子舆，今山东平邑人。孔子的学生。

②省 xǐng：自我检讨。

③信：诚信。

④传 zhuàn：老师所传授的知识。

⑤习：反复练习，温习。

译文

曾子说：“我每天多次自我反省：为别人谋事有不尽心之处吗？与朋友交往有不诚信之处吗？老师传授的知识有不认真温习的吗？”

五

子曰：“道[①]千乘之国[②]，敬事[③]而信，节用而爱人，使民以时[④]。”

注释

①道：治理。

②千乘 shèng 之国：指规模略大的诸侯国。

③敬事：做事严肃认真。

④使民以时：役使百姓要以时令为依据。

译文

孔子说："治理诸侯国，须严肃而慎重，讲求信用，节约物资，爱护国人，役使百姓要选在农闲时。"

六

子曰："弟子①，入②则孝，出③则悌，谨④而信，泛爱众而亲仁。行有余力，则以学文。"

注释

①弟子：年纪小的人，年轻人。

②入：《礼记》记载，"入"指"入父宫"。宫，即房屋。

③出：根据《礼记》的记载，"出"指"出己宫"。

④谨：少说话，指出言谨慎。

译文

孔子说："年轻人在父母跟前，则应孝顺父母；离开自己家到外边，则应尊敬兄长；说话要谨慎并讲求诚信，博爱众人并亲近具有仁爱之心的人。如此做了之后，若仍有余力，就去学习礼乐制度。”

七

子夏[1]曰：“贤贤，易[2]色；事父母，能竭其力；事君，能致[3]其身；与朋友交，言而有信。虽曰未学，吾必谓之学矣。”

注释

①子夏：姓卜，名商，字子夏，孔子的学生。

②易：轻视。

③致：献出生命。

译文

子夏说：“对待妻子，注重她的品德，而非姿色；侍奉父母，能竭尽全力；侍奉君王，能不惜生命；与朋友交往，言而有信。这种品格的人，纵然出于谦逊说没有读过什么书，我也必定会说此人是读过书的。”

八

子曰：“君子不重，则不威；学则不固[1]。主[2]忠信。无友不如己者。过，则勿惮改。”

注释

①固：坚固，结实。

②主：以……为主。

译文

孔子说："君子若不庄重，就无威严可言。纵然学习了一些知识，也不会牢固。须将忠信摆在首要位置。在忠信方面不如自己的人，不必与之交朋友。有过错，就不要怕改正。"

九

曾子曰："慎终[①]，追远[②]，民德归厚矣。"

注释

①终：指父母的死亡。

②追远：指祭祀的时候要心存恭敬。

译文

曾子说："慎重处理父母的葬礼，以虔诚的心祭祀祖先，这样就能使民间的道德风气归于敦厚朴实了。"

十

子禽[①]问于子贡[②]曰："夫子[③]至于是邦也，必闻其政，求之与？抑与之与[④]？"

子贡曰："夫子温良恭俭让以得之。夫子之求之也，其诸[⑤]异乎人之求之与？"

注释

①子禽：即陈亢。

②子贡：姓端木，名赐，字子贡，孔子的学生。

③夫子：古代对士大夫的敬称。因为孔子曾为鲁国的司寇，所以他的学生称他为夫子，后来用夫子称呼老师。

④与：同“欤”。语助词。

⑤其诸：或者，大概。

译文

子禽问子贡：“老师每到一个国家，必然会听到那个国家的政事。是他请求人告知他的，还是别人主动告诉他的？”子贡回答说：“老师凭温和善良，恭敬节俭和谦逊赢得的信任，于是他们主动将政事告诉给老师。或许是老师求知政事的办法，同别人求知政事的办法有所不同吧？”

十一

子曰：“父在，观其志；父没，观其行[①]。三年[②]无改于父之道，可谓孝矣。”

注释

①行 xìng：德行，品行。

②三年：即子为父守丧的三年。

译文

孔子说："他的父亲在时，观察他的志向；父亲故去后，就要看看他的德行品行。若三年之内他没有改变其父生前对他所要求的道德规范，就可以称他为孝子了。"

十二

有子曰："礼之用[①]，和[②]为贵，先王之道，斯为美，小大由之。有所不行，知和而和，不以礼节之，亦不可行也。"

注释

①用：运用。

②和：和谐。

译文

有子说："礼的应用，贵在和谐。过去贤明的君王统治天下都认为这是最好的办法，事无巨细，都按这个原则办理。不过，也有不这样做的时候，知道了和谐可贵，为求得和谐而去协调，不以体现社会规范与道德规范的礼加以节制，是无法行得通的。"

十三

有子曰："信[①]近于义，言可复[②]也；恭[③]近于礼，远耻辱也。因不失其亲，亦可宗[④]也。"

注释

①信：信用，约定。

②复：实践。

③恭：对人恭敬。

④宗：以……为依靠。

译文

有子说："同他人的约定合乎义时，说过的话方可去实践；对他人的恭敬合乎礼，方可免遭耻辱。一个人依靠的是关系亲近的人，才是可靠的。"

十四

子曰："君子食无求饱，居无求安，敏于事而慎于言，就有道[①]而正[②]焉，可谓好学也已。"

注释

①道：正确的学说，指能指导他人学到正确学说的高尚的人。

②正：匡正，端正。

译文

孔子说："君子不要求吃得饱，住得安定舒适。君子办事机敏，说话谨慎，拜德行高尚的人为师，以纠正自己的过失。这样做就可称得上好学的了。"

十五

子贡曰："贫而无谄，富而无骄，何如？"子曰："可也。未若贫而乐，富而好礼者也。"

子贡曰："《诗》云：'如切如磋，如琢如磨。'其斯之谓与？"子曰："赐[1]也，始可与言《诗》已矣，告诸往而知来者[2]。"

注释

①赐：孔子对子贡的称呼。

②往：过去的事，这里指已知的事。

来者：未来的事，这里指未知的事。

译文

子贡说："虽贫穷，却不谄媚；虽富有，却不骄横。这种做法怎么样？"孔子说："这已经不错了。不过，还比不上贫穷却乐于修身养性，富有却讲求礼仪。"

子贡说："《诗经》上说：'君子的自我道德修养，如同加工骨器那样，切了还要磋；如同加工玉器那样，琢了还要磨。'此话讲的也就是这个意思吧？"孔子说："赐呀，现在可以与你讨论《诗经》了。告诉你一点，你就会推知未知的。"

十六

子曰："不患[①]人之不己知，患不知人也。"

注释

①患：担心，忧虑。

译文

孔子说："不要担心别人不了解自己，应发愁的是自己不了解别人。"

为政第二

一

子曰："为政以德，譬如北辰[1]居其所而众星共[2]之。"

注释

①北辰：即北极星。

②共：同"拱"。环绕。

译文

孔子说："君王以德统治国家，就会像北极星那样泰然自若地居于自己的位置上，且众多的星辰围绕着它。"

二

子曰："《诗》三百[1]，一言以蔽[2]之曰：'思无邪'[3]。"

注释

①《诗》三百：《诗经》有三百零五篇。"三百"在这里并非确数。

②蔽：概括。

③思无邪：这本是《诗经·鲁颂·駉》篇中的一句诗："思无邪，思马斯徂。"在《诗经》原文中，"思"本是无实义的语音词，但是在此处孔子借作"思想"解。

译文

孔子说："《诗经》三百篇，用一句话概括它，就是'思想纯正'。"

三

子曰："道①之以政，齐②之以刑，民免③而无耻；道之以德，齐之以礼，有耻且格④。"

注释

①道：同"导"。引导。

②齐：整治。

③免：免罪，免刑，免于灾祸。

④格：来，至。

译文

孔子说："以政令来诱导百姓，以刑罚来整饬百姓，百姓只是暂时避免犯罪，而并不知道犯罪是可耻的事；以德引导百姓，以礼教来约束百姓，百姓则不仅有羞耻之心，而且使人言行也归于正道。"

四

子曰："吾十有[①]五而志于学，三十而立[②]，四十而不惑[③]，五十而知天命，六十而耳顺，七十而从心所欲，不逾矩[④]。"

注释

①有：同"又"。用在整数和小一位的数字之间。

②立：站得住，这里指立德立言立身，自立于世。

③惑：迷惑，困惑。

④矩：标准，法则。

译文

孔子说："我十五岁时立志求学问，三十岁时能够自立于世，四十岁时明了许多道理，不感到困惑，五十岁时知道天命是什么，六十岁时对所听到的均能判别清楚，七十岁时可以随心所欲，但并不超越法度。"

五

孟懿子[①]问孝，子曰："无违[②]。"

樊迟御[③]，子告之曰："孟孙[④]问孝于我，我对曰，无违。"樊迟曰："何谓也？"子曰："生，事之以礼；死，葬之以礼，祭之以礼。"

注释

①孟懿子：春秋时鲁国大夫，姓仲孙，名何忌。

②违：违礼。

③樊迟：名须，字子迟，孔子的学生。御：驾驭车马。

④孟孙：即孟懿子。

译文

孟懿子问何为孝，孔子说："不违背礼为孝。"

一天，樊迟给孔子赶车，孔子告诉他："孟懿子问我何为孝，我对他说，不违背礼为孝。"樊迟问："这是什么意思？"孔子说："父母在世时，应以礼侍奉他们；他们去世后，应以礼予以安葬，以礼祭祀他们。"

六

孟武伯[①]问孝，子曰："父母唯其疾之忧。"

注释

①孟武伯：即孟懿子的儿子仲孙彘。

译文

孟武伯问什么是孝，孔子说："让父母亲只为子女的疾病担心。"

七

子游[1]问孝。子曰："今之孝者，是谓能养[2]。至于[3]犬马，皆能有养；不敬，何以别乎？"

注释

①子游：姓言孔子的学生，名偃，字子游，吴国人。

②养：养活。

③至于：即使。

译文

子游问什么是孝，孔子说："现今所说的孝，是只要能养活父母就可以了。即使是犬马都能得到人的饲养，若对父母不尊敬，那养活父母同饲养犬马又有何区别呢？"

八

子夏问孝，子曰："色[1]难。有事，弟子[2]服其劳；有酒食[3]，先生馔[4]，曾是以为孝乎？"

注释

①色：容色，脸色。

②弟子：年幼者。

③食：食物。

④馔 zhuàn：吃喝。

译文

子夏问何为孝。孔子说："子女侍奉父母每次都能露出和气的脸色是件难事。有事要做时，子女操劳；有好吃好喝的，让父母享受，这样做就能认为是孝吗？"

九

子曰："吾与回[①]言终日，不违，如愚。退而省其私[②]，亦足以发[③]，回也不愚。"

注释

①回：颜回，孔子最得意的学生，字子渊，鲁国人。

②私：私下。

③发：启发，阐明。

译文

孔子说："我整天给颜回讲学，他没有提出不同的看法，像个愚笨的人。待他退下，我留心他私下与别人的谈话，发现他对我的见解颇能发挥，看来颜回并不愚笨。"

十

子曰："视其所以[①]，观其所由[②]，察其所安。人焉廋[③]哉？人焉廋哉？"

注释

①所以：所做的事情。

②所由：指所从的道路。

③廋 sōu：隐藏，隐匿。

译文

孔子说："想了解一个人，看到了他的奋斗目标，观察了他做事的方式，清楚他安于什么。那么，此人还能隐藏什么呢？"

十一

子曰："温故而知新，可以为师矣。"

译文

孔子说："温习旧的知识，不断获得新的知识。这样，就可以做别人的老师了。"

十二

子曰："君子不器[①]。"

注释

①器：器具，这里是名词作形容词。

译文

孔子说："君子不能像只有一定用途的器具那样，只具有一种才艺。"

十三

子贡问君子，子曰："先行其言而后从之。"

译文

子贡问何为君子，孔子说："先去兑现自己说的话，而后才能承认他是君子。"

十四

子曰："君子周①而不比②，小人比而不周。"

注释

①周：以道义来团结别人。

②比：为暂时的共同利益而互相勾结。

译文

孔子说："君子注重团结人，而不相互勾结；小人则相互勾结，而不去团结人。"

十五

子曰："学而不思则罔[①]，思而不学则殆[②]。"

注释

①罔：迷惑。

②殆：危险，陷入困境。

译文

孔子说："一味读书，而缺乏思考，则会迷惘；一味苦苦思索，而不切实读书，则会胡思乱想，陷入危险。"

十六

子曰："攻[①]乎异端[②]，斯[③]害也已[④]。"

注释

①攻：攻击。

②异端：这里指不正确的议论。

③斯：就，连词。

④已：止，消除。

译文

孔子说："批判那些不正确的异端邪说，祸害就可以消除了。"

十七

子曰："由[①]！诲[②]女[③]知之乎！知之为知之，不知为不知，是知也。"

注释

①由：即仲由，字子路，孔子的学生。

②诲：教导。

③女：同"汝"。你。

译文

孔子说："由，我教你对待知与不知的态度吧！知道就是知道，不知道就是不知道，这才是对待知与不知的明智态度。"

十八

子张[①]学干禄[②]。

子曰："多闻阙疑，慎言其余，则寡尤[③]；多见阙殆，慎行其余，则寡悔。言寡尤，行寡悔，禄在其中矣。"

注释

①子张：颛孙师，字子张，陈人，孔子的学生。

②干禄：求做官。

③尤：过错。

译文

子张请教孔子如何才能求得官俸，孔子说："多听别人的意见，将自己有疑问的事情保留，认为正确的要谨慎地讲出来，这样就能减少过错；多看别人做事，有疑惑不解的地方暂时保留，认为正确的要小心谨慎地去做，就能减少懊悔。言语和行动尽量减少过失和懊悔，获取官俸的秘诀就在此了。"

十九

哀公[①]问曰："何为则民服？"孔子对曰："举直错[②]诸枉[③]，则民服；举枉错诸直，则民不服。"

注释

①哀公：鲁哀公，前494—前466年在位。

②错：放置。

③枉：邪恶。

译文

鲁哀公问道："如何做才能让天下百姓服从呢？"孔子回答说："提拔正直的人，将他们安置在不正派的邪恶之人上面，老百姓就服从；提拔不正派的邪恶之人，且将他们置于正直的人上面，老百姓就不服从。"

二十

季康子[①]问："使民敬、忠以[②]劝，如之何？"子曰："临之以庄，则敬；孝慈，则忠；举善而教不能[③]，则劝。"

注释

①季康子：季孙肥，哀公时的正卿，掌握鲁国实权。

②以：连词，和。

③不能：能力差。

译文

季康子问孔子："要使老百姓恭敬、尽忠且相互劝勉，应当怎么办呢？"孔子说："你对老百姓态度庄重，他们就会尊敬你；你孝顺父母，慈爱百姓，他们就会对你忠心；你选用品德高尚的人，教育能力差的人，百姓就会相互劝勉了。"

二十一

或谓孔子曰："子奚[①]不为政？"子曰："《书》[②]云：'孝乎！惟孝，友于兄弟，施[③]于有政。'是亦为政，奚其为为政？"

注释

①奚：疑问代词，为什么。

②《书》：指《尚书》。

③施：延及，推广。

译文

有人对孔子说："你为何不去做官从政呢？"孔子说："《尚书》上说：'孝，就是孝敬父母，友爱兄弟，要将这种品格推广到政治上。'那也就是参与了政治，为什么认为只有做官才算参与政治了呢？"

二十二

子曰："人而无信，不知其可也。大车无輗①，小车无軏②，其何以行之哉？"

注释

①輗 ní：牛力大车车辕前端与车横木衔接处的销钉。

②軏 yuè：马拉的小车车辕前端与车横木衔接处的活销。

译文

孔子说："人若不讲信用，真不知道他是如何处世接物的。这正像牛车没有輗、马车没有軏一样，那车怎么行走呢？"

二十三

子张问："十世①可知也？"子曰："殷因②于夏礼，所损益，可知也；周因于殷礼，所损益，可知也。其或继周者，虽百世，可知也。"

注释

①世：古代三十年为一世。

②因：顺着，沿袭。

译文

子张问孔子："三百年之后的礼仪制度可以预知吗？"孔子说："殷朝沿袭夏朝的礼仪制度，废除与增加了些什么，现在通过考证就可以知道；周朝沿袭殷朝的礼仪制度，废除与增加了些什么，通过考证也可以知道。以后继承周朝的朝代，即使历经百世，其礼仪制度也可以预知。"

二十四

子曰："非其鬼[①]而祭[②]之，谄[③]也。见义不为，无勇也。"

注释

①鬼：古代人死后都叫"鬼"，但一般指已死的祖先。

②祭：这里指吉祭，祭鬼的目的多是祈福。

③谄 chǎn：谄媚。

译文

孔子说："不是自己应该祭祀的鬼神却去祭祀，就是谄媚。眼见正义的事情而不奋力去做，就是没有勇气，胆小怕事。"

八佾第三

一

孔子谓季氏[①]："八佾[②]舞于庭，是可忍也，孰不可忍也？"

注释

①季氏：这里应指季平子，季孙意如。

②八佾 yì：佾为古代乐舞的行列。

天子为八行，诸侯为六行，大夫为四行，士为两行。

译文

孔子谈论到季氏时说："他在自己的庭院里乐舞时使用了周天子的八佾。这种事他都忍心做得出，还有什么事他不忍心去做呢？"

二

三家[①]者以《雍》撤。子曰："'相[②]维辟公，天子穆穆[③]'，奚取于三家之堂？"

注释

①三家：指鲁国当政的三家大夫，即孟孙、叔孙、季孙。

②相：助祭者。

③穆穆：端庄肃穆的样子。

译文

鲁国的三家大夫孟孙、叔孙、季孙祭祀完他们的祖先后，用天子的礼，唱着《雍》诗撤掉祭品。孔子说："《雍》诗中说：'助祭的是各方的诸侯，主祭的是庄重肃穆的天子。'怎么能在三家祭祖的庙堂上唱这种天子撤祭时才能唱的诗句，取何意呢？"

三

子曰："人而不仁，如礼何[①]？人而不仁，如乐何？"

注释

①如礼何：此句式古代常用，意思是"把……怎么样"。

译文

孔子说："一个不讲仁德的人，怎样来对待礼呢？一个不讲仁德的人，如何对待乐呢？"

四

林放[①]问礼之本。子曰："大哉问！礼，与其奢也，宁俭；丧，与其易[②]也，宁戚[③]。"

注释

①林放：鲁国人，懂礼仪。

②易：安稳，稳妥，指仪文周到。

③戚：悲伤。

译文

林放问孔子礼的本质是什么。孔子说："你问的问题意义太重大啦！就礼仪而言，与其奢侈，宁可节俭；就办丧事而言，与其仪文周到，不如心中真正悲痛。"

五

子曰："夷狄[①]之有君，不如诸夏[②]之亡[③]也。"

注释

①夷狄：古称东方部族为夷，北方部族为狄，泛称华夏族以外的各族。

②诸夏：泛指中原地区。

③亡：通"无"。

译文

孔子说："文化落后的少数民族国家尽管有君王，不如中原各国没有君王。"

六

季氏旅[①]于泰山。子谓冉有[②]曰："女弗能救与？"对曰："不能。"子曰："呜呼！曾谓泰山不如林放乎？"

注释

①旅：祭山。

②冉有：冉求，字子有，孔子的学生。

译文

季孙氏要违祭礼去泰山。孔子对冉有说："你不能劝阻他不去吗？"冉有回答说："不能。"孔子说："啊！难道说泰山之神不如林放，竟会接受季孙氏越礼的祭祀之举吗？"

七

子曰："君子无所争。必也，射乎！揖让而升[①]，下[②]而饮。其争也君子[③]。"

注释

①升：登上厅堂。

②下：走下厅堂。

③其争也君子：指古代的射礼。

登堂而射，射后计算谁中靶多，中靶少的被罚喝酒。

译文

孔子说："君子没有什么可争的事情。如若有所争，必定是射箭之类的比赛吧。纵然是射箭比赛，也是先相互作揖，而后登堂比赛，比赛结束后走下堂，相互敬酒。这样的相争，也只是君子之争啊！"

八

子夏问曰："'巧笑倩[①]兮，美目盼[②]兮，素以为绚[③]兮'，何谓也？"子曰："绘事后素。"

曰："礼后乎？"子曰："起[④]予者商也！始可与言《诗》已矣。"

注释

①倩：美丽的样子。

②盼：黑白分明。

③绚：有文采。

④起：启发别人的观念和想法。

译文

子夏问道："'漂亮的脸笑得多灿烂，明亮的眸子黑白分明，洁白的素绢上画着美丽的花纹'，这三句诗是什么意思呢？"孔子说："绘画嘛，先是白底，而后着色去画。"

子夏说："这就是说，礼乐产生于仁义之后吧？"孔子说：

"对我有所启发的是你子夏呀！现在可以同你谈论《诗经》了。"

九

子曰："夏礼吾能言之，杞[①]不足征[②]也；殷礼吾能言之，宋[③]不足征也。文献不足故也。足，则吾能征之矣。"

注释

①杞：国名，以夏禹的后代为王。故城在今河南杞县。

②征：证明，验证。

③宋：国名，以商汤的后代为王。故城在今河南商丘。

译文

孔子说："夏朝的礼我能说出来，不过，它的后代杞国不足以作证明；殷朝的礼我能说出来，不过，它的后代宋国不足以作证明。这是因为杞国和宋国的典籍和贤者不足。如若这两国的典籍充足，我就可以用来作证明了。"

十

子曰："禘[①]自既灌[②]而往者，吾不欲观之矣。"

注释

①禘：即禘礼，是古代一种极为隆重的大祭，本只有天子才能举行。但是周武王因为周公旦的功勋卓著，特许他举行禘祭。以后他的封地鲁国之君都沿

袭惯例可行禘祭。

②灌：把酒浇在地上，这是祭祀中的项目以示献给代受祭的人。

译文

孔子说："禘祭的礼仪，第一次献酒后，我就不想往下看了。"

十一

或问禘之说。子曰："不知也，知其说者之于天下也，其如示[①]诸斯乎！"指其掌。

注释

①示：通"置"。摆放。

译文

有人请教孔子有关禘祭的事。孔子说："我不知道。知道的人对于治理天下，就像将东西放在这里一样容易吧！"他一边说，一边指着自己的手掌。

十二

祭如在，祭神如神在。子曰："吾不与[①]祭，如不祭。"

注释

①与：参与，参加。

译文

祭祀祖先时，仿佛祖先真的就在那里；祭祀神时，仿佛神真的就在那里。孔子说："我若不亲自去祭祀而让人代祭，那与不祭一样。"

十三

王孙贾[①]问曰："与其媚于奥[②]，宁媚于灶[③]，何谓也？"子曰："不然。获罪于天，无所祷也。"

注释

①王孙贾：卫灵公的大臣。

②奥：指房屋西南角，古代认为那里有神，因而祭拜它。

③灶：指灶神。

译文

王孙贾问道："与其巴结房屋西南角的神，不如巴结灶神。这句话的意思是什么？"孔子说："不对。如得罪了上天，就无可祈祷的地方了。"

十四

子曰："周监[①]于二代[②]，郁郁乎文哉！吾从周。"

注释

①监：借鉴。

②二代：指夏商时期。

译文

孔子说："周朝的礼乐制度是借鉴夏朝和商朝而制定的，是多么丰富多彩啊！我遵从周朝的礼乐制度。"

十五

子入太庙①，每事问。或曰："孰谓鄹②人之子知礼乎？入太庙，每事问。"子闻之，曰："是礼也。"

注释

①太庙：古代开国之君称太祖，太祖之庙即太庙。周公旦是鲁国最初的受封之君，故这里的太庙指的应是周公庙。

②鄹 zōu：古地名，在今山东曲阜市东南。

译文

孔子走进周公庙，每件事都要问一问。有人说："哪个人说鄹人叔梁纥的儿子知礼呢？他走进周公庙，每事都要问一问。"孔子听到这话说："这样做就是礼。"

十六

子曰："射不主皮[①]，为[②]力不同科[③]，古之道也。"

注释

①射不主皮：皮，代表箭靶子。主，以……为主。

②为：因为。

③同科：同等。

译文

孔子说："射艺主要的不是射穿箭靶子，因为每个人的力气不尽相同。这是自古以来的规矩。"

十七

子贡欲去[①]告朔[②]之饩羊[③]。子曰："赐也！尔爱[④]其羊，我爱其礼。"

注释

①去：去掉，减掉。

②告朔：古代一种祭庙的仪式。每年秋冬之交，周天子把次年的历书颁给诸侯，名为"颁告朔"。诸侯接受历书，藏于祖庙。每逢初一，便杀一只活羊祭庙，然后回到朝廷听政。这种仪式就叫做"告朔"。

③饩羊：祭祀时用的活羊。

④爱：爱惜。

译文

子贡想将祭庙时的活羊省去不用。孔子说："赐呀！你爱惜那只羊，我爱惜那种礼仪。"

十八

子曰："事君尽礼，人以为谄也。"

译文

孔子说："按照礼来服侍君王，人们却以为是在谄媚君王。"

十九

定公[①]问曰："君使[②]臣，臣事[③]君，如之何？"孔子对曰："君使臣以礼，臣事君以忠。"

注释

①定公：鲁定公，名宋，前590—前495年在位。

②使：使唤，役使。

③事：供奉，侍奉。

译文

鲁定公问孔子："君王指使臣子，臣子侍奉君王，应该如何做呢？"孔子回答道："君王应以礼指使臣子，臣子应忠心侍奉君王。"

二十

子曰："《关雎》[1]，乐而不淫[2]，哀而不伤。"

注释

①《关雎》：《诗经》的第一篇。

②淫：过分，过度。

译文

孔子说："《关雎》表现出欢乐，但不过分；表现出哀思，但不至伤害身心。"

二十一

哀公问社[1]于宰我[2]。宰我对曰："夏后氏以松，殷人以柏，周人以栗，曰：使民战栗。"子闻之，曰："成事不说，遂[3]事不谏，既往不咎[4]。"

注释

①社：土地神的牌位，即神主。

②宰我：名予，字子我，孔子的学生。

③遂：已完成的。

④咎：责怪。

译文

鲁哀公就制作土地神的神主该用什么木料一事问宰我。宰我回答说："夏朝用松木，殷朝用柏木，周朝用栗木，本意是让天下百姓战栗。"孔子听了这话之后说："做了的事不再解释，已完成的事不再规劝，过去做错的事不再责备。"

二十二

子曰："管仲[1]之器小哉！"

或曰："管仲俭乎？"曰："管氏有三归[2]，官事不摄[3]，焉得俭？"

"然则管仲知礼乎？"曰："邦君树塞门[4]，管氏亦树塞门。邦君为两君之好，有反坫[5]，管氏亦有反坫。管氏而[6]知礼，孰不知礼？"

注释

①管仲：春秋时齐国人，名夷吾，齐桓公时任宰相。

②三归：藏放币帛的府库。

③摄：兼职。

④塞门：间隔内外视线的一种东西，和今天的照壁相类似。

⑤反坫 diàn：放置礼器的台子。

⑥而：假如，假若。

译文

孔子说："管仲的气量真小啊！"

有人便问："管仲生活俭朴吗？"孔子说："管仲有存放钱财的府库，其下属官吏不兼职，哪能谈得上俭朴呢？"

"既然如此，那么管仲知礼吗？"孔子说："诸侯国的国君，其宫殿门前立着塞门，管仲府大门处也立着塞门。国君招待诸侯国在堂上设有放礼器的土台，管仲也有放礼器的台子。假如说管仲知礼，又有谁不知礼呢？"

二十三

子语鲁大师[①]乐，曰："乐其可知也：始作，翕如[②]也；从之，纯如也，皦如[③]也，绎如[④]也，以成。"

注释

①大师：即太师，这里指乐官之长。

②翕 xī 如：整齐盛大的样子。

③皦如：清晰，分明的样子。

④绎如：相续不绝的样子。

译文

孔子与鲁国的乐官谈到音乐演奏时说道："音乐演奏的整个过程是可以知道的。刚开始，乐音合奏整齐盛大，随之音调和谐动听，节奏分明清晰不绝于耳。完整的音乐就这样产生了。"

二十四

仪封人[①]请见，曰："君子之至于斯也，吾未尝不得见也。"从者见之。出，曰："二三子何患于丧[②]乎？天下之无道也久矣，天将以夫子为木铎[③]。"

注释

①仪封人：仪，地名。封人，守边防的官。

②丧：流亡。

③木铎：铜质的铃。

古代官方有事宣布便摇铃召集群众来听。

译文

仪的边防长官请求孔子接见，说道："凡是到这个地方的君子，我从来没有不要求会见的。"孔子的弟子带他去见孔子。出来后，他对孔子的弟子说："你们几位不必为现在的流亡而忧愁，天下无道已很久了，上天将把你们的老师当做传播正义的大圣人。"

二十五

子谓《韶》[①]："尽美矣，又尽善也。"谓《武》[②]："尽美矣，未尽善也。"

注释

①《韶》：舜时的乐曲名。

②《武》：周初歌颂灭商功绩的乐曲名。

译文

孔子谈到《韶》乐时说："《韶》乐优美得很，内容也极好。"谈到《武》乐时说："《武》乐优美得很，只是内容并不完美。"

二十六

子曰："居上不宽[①]，为礼不敬，临丧不哀，吾何以观之哉！"

注释

①宽：宽厚，度量宽宏。

译文

孔子说："位高的人对下层不宽宏大量，行礼仪之时不严肃，参加丧事时无哀痛。这种行为我怎么能看得下去呢！"

里仁第四

一

子曰："里[1]仁为美。择不处[2]仁，焉得知[3]？"

注释

①里：居住。

②处：居住。

③知：通"智"。智慧。

本书中"智"大都依古本写作"知"。

译文

孔子说："一个人若能居住在行仁道的地方，那是最好的。若选择不行仁道的地方居住，哪还算得上聪明有智慧呢？"

二

子曰："不仁者不可以久处约[1]，不可以长处乐。仁者安仁，知者利仁。"

注释

①约：穷困。

译文

孔子说："不仁者不可能总是处于贫穷中，也不可能总是处在快乐中。仁者为求安心而行仁，聪明人行仁是仁合乎他的利益。"

三

子曰："唯仁者能好人，能恶人。"

译文

孔子说："唯有怀仁爱之心的人才能切实地喜欢人，厌恶人。"

四

子曰："苟志于仁矣，无恶也。"

译文

孔子说："如若立志推行仁德，就不会有邪恶了。"

五

子曰："富与贵，是人之所欲也；不以其道得之，不处[①]也。贫与贱，是人之所恶也；不以其道得之，不去也。君子去仁，恶乎[2]成名？君子无终食之间违仁，造次[3]必于是，颠沛必于是。”

注释

①处：对待，接受。

②恶 wū 乎：如何，怎样。

③造次：仓促，慌忙。

译文

孔子说：“富与贵，是人所想要的。若采取邪门歪道得到它，君子是不接受的。贫与贱，是人所厌恶的。若原本不该贫贱而贫贱了，君子也会忍受。君子若抛弃了仁，那又如何称得上君子呢？君子连一顿饭的工夫也不会违反仁，匆忙之间也总是信守着仁，颠沛流离之时也在奉行着仁。”

六

子曰：“我未见好仁者，恶不仁者。好仁者，无以尚[1]之；恶不仁者，其为仁矣，不使不仁者加乎其身。有能一日用其力于仁矣乎？我未见力不足者。盖[2]有之矣，我未之见也。”

注释

①尚：超过。

②盖：大概。

译文

孔子说："我没有见过喜好仁的人和讨厌不仁的人。喜好仁的人是世上最高尚的。讨厌不仁的人，他实行仁，是使自己不受非仁之人影响。有人能一天都把力用在仁上吗？我没有见过力量不足的。也许有这种人吧，只是我没有见过罢了。"

七

子曰："人之过也，各于其党。观之，斯知仁①矣。"

注释

①仁：此处为"人"的意思。

译文

孔子说："人的过错，各有其不同。一看这人的过错，便知他是哪类人了。"

八

子曰："朝闻道，夕死可矣。"

译文

孔子说："早晨听到了真理，即使当晚死了也可以。"

九

子曰:“士志于道,而耻恶[1]衣恶食者,未足与议也。”

注释

①恶:粗劣的。

译文

孔子说:“读书人立志探索真理,而那些以穿不好吃不好为羞耻的人,是不值得同他讨论道的。”

十

子曰:“君子之于天下也,无适[1]也,无莫[2]也,义之与比[3]。”

注释

①适:可以。

②莫:不可。

③比:挨着,靠着。

译文

孔子说:“君子面对天下的事情,没有一定可以或者不可以怎样做,而是怎样合乎道义就怎样去做。”

十一

子曰："君子怀德，小人怀土；君子怀刑[①]，小人怀惠。"

注释

①刑：古代的法律制度曰"刑"。

译文

孔子说："君子思考的是德，小人想的是田地；君子想的是刑法制度，小人考虑的是个人实惠。"

十二

子曰："放[①]于利而行，多怨。"

注释

①放：依据。

译文

孔子说："依据个人利害关系办事，会招致诸多的怨恨。"

十三

子曰："能以礼让为国乎，何有[①]？不能以礼让为国，如礼何？"

注释

①何有：即“有何困难”的意思。

译文

孔子说：“能以礼让统治国家，还能有什么难题不能克服呢！不以礼让统治国家，礼又有什么用呢？”

十四

子曰：“不患无位，患所以[①]立；不患莫己知，求为可知也。”

注释

①所以：用以，用来。

译文

孔子说：“不必担忧没有官位，而应担心有没有用以任职的能力；不必担心没人了解自己，应该谋求值得别人了解自己的本事。”

十五

子曰：“参乎！吾道一以贯[①]之。”曾子曰：“唯。”

子出，门人问曰：“何谓也？”曾子曰：“夫子之道，忠恕[②]而已矣。”

注释

①贯：贯穿，统贯。

②忠恕："忠"，尽力为人谋，中人之心，故为忠，也就是孔子所说的"己欲立而立人，己欲达而达人"。"恕"，推己及人，如人之心，故为恕，即孔子所说的"己所不欲，勿施于人"。

译文

孔子说："曾参啊，我的学说是用一个理念可以贯穿的。"曾子回答说："是的。"

孔子离开以后，别的学生问曾子说："老师的话是什么意思？"曾子说："老师的学说，就是忠和恕啊。"

十六

子曰："君子喻[①]于义，小人喻于利。"

注释

①喻：知晓，明白。

译文

孔子说："君子懂得义，小人只懂得利。"

十七

子曰："见贤思齐焉，见不贤而内自省也。"

译文

孔子说："见到贤人就想同他看齐，学习他的各种长处；见到不贤的人，就要发自内心反省，看看自己有无同他一样的劣行。"

十八

子曰："事父母几[1]谏，见志不从，又敬不违[2]，劳而不怨。"

注释

①几：婉转。

②违：触犯，违逆。

译文

孔子说："侍奉父母时觉得父母有欠妥之处，应婉言劝说。父母若不接受，仍应孝敬而不违背他们的意愿，仍应付出辛劳侍奉父母，心中不能埋怨。"

十九

子曰："父母在，不远游，游必有方[1]。"

注释

①方：方向，处所。

译文

孔子说："父母在世，不要远行。若必远行，定要有明确的去处。"

二十

子曰："三年无改于父之道，可谓孝矣。"

译文

孔子说："他若三年之内没有改变其父生前的道德规范，则可以称他为孝子了。"

二十一

子曰："父母之年，不可不知也。一则以喜，一则以惧。"

译文

孔子说："父母的年纪，不可不记清楚。一则喜他们健康，一则忧虑他们日渐衰老。"

二十二

子曰："古者言之不出，耻躬①之不逮②也。"

注释

①躬：身体力行。

②逮 dài：到，赶上。

译文

孔子说："古人不随便开口讲话，他们怕自己的行动赶不上所说的。"

二十三

子曰："以约①失②之者鲜矣。"

注释

①约：约束。

②失：犯过失。

译文

孔子说："由于约束自己而犯过失的相当少。"

二十四

子曰："君子欲讷①于言而敏于行②。"

注释

①讷 nè：语言迟钝。这里指说话谨慎。

②行：行事，工作。

译文

孔子说："君子应谨慎地说话，机敏地行事。"

二十五

子曰："德不孤，必有邻。"

译文

孔子说："德行高尚的人不会孤独，必有志同道合者为伍。"

二十六

子游曰："事君数①，斯辱矣；朋友数，斯疏矣。"

注释

①数 shuò：屡屡，频繁，烦琐。

译文

子游说："侍奉君王时进谏次数过多，就必然受到羞辱；奉劝朋友次数过多，朋友就会疏远你。"

公冶长第五

一

子谓公冶长[①]："可妻[②]也。虽在缧绁[③]之中，非其罪也。"以其子[④]妻之。

注释

①公冶长：姓公冶，名长，字子长，齐人，孔子的学生。

②妻 qì：动词，嫁给……做妻子。

③缧绁 léixiè：拴罪犯的绳索，这里指监狱。

④子：儿女，这里指女儿。

译文

孔子谈到公冶长时说："可以将女儿嫁给他做妻子，他虽坐过牢，但并非他的罪过。"于是将自己的女儿嫁给公冶长做妻子。

二

子谓南容[①]："邦有道，不废；邦无道，免于刑戮。"以其兄之子妻之[②]。

注释

①南容：南宫适，字子容，孔子的学生。

②以其兄之子妻之：孔子之兄名孟皮。

此时可能孟皮已死，所以孔子替他的女儿主婚。

译文

孔子谈到南容时说："国家有道，南容不会遭罢免；国家无道，南容也会免遭杀戮。"于是将自己兄长的女儿嫁给南容做妻子。

三

子谓子贱[①]："君子哉若人！鲁无君子者，斯焉取斯[②]？"

注释

①子贱：宓不齐，字子贱，孔子的学生。

②斯：第一个"斯"是人称代词，他。

第二个"斯"代指君子的品格。

译文

孔子谈到子贱时说："子贱是个君子啊！鲁国若没有君子的话，他如何能有君子的品格呢？"

四

子贡问曰："赐也何如？"子曰："女，器也。"曰："何器也？"曰："瑚琏[①]也。"

注释

①瑚琏：古代祭祀时盛黍稷类尊贵的粮食的器皿。

译文

子贡问孔子："您如何看我？"孔子说："你像一件器物。"子贡问："什么器物？"孔子说："就是宗庙里盛黍稷的瑚琏。"

五

或曰："雍[①]也，仁而不佞[②]。"子曰："焉用佞？御人以口给[③]，屡憎于人。不知其仁，焉用佞？"

注释

①雍：冉雍，字仲弓，孔子的学生。

②佞 nìng：能言善道，口才好。

③口给：口才敏捷，能言善辩。

译文

有人说："冉雍讲仁爱，但不是能言善辩的人。"孔子说："为何一定要能言善辩呢？善于争辩张口就能巧对他人，常令人生厌。我并不知道冉雍是否有仁爱，但为何一定要他能言善辩呢？"

六

子使漆雕开[①]仕。对曰："吾斯之未能信[②]。"子说[③]。

注释

①漆雕开：姓漆雕，名开，字子开，是孔子的学生。

②信：有信心。

③说：同"悦"。

译文

孔子让漆雕开去做官。漆雕开说："我对做官缺乏自信。"孔子听了甚为高兴。

七

子曰："道不行，乘桴[①]浮于海。从[②]我者，其由与[③]？"子路闻之喜。子曰："由也好勇过我，无所取材。"

注释

①桴 fú：竹排或木排，大的叫筏，小的叫桴。

②从：跟随。

③与：同“欤”。

译文

孔子说：“如果我的思想主张行不通了，我想乘木桴去海外。能随我去海外的，看来只有子路一个人了吧！”子路听了这话特别高兴。孔子说：“子路这个人，他的勇敢胜过我，但太过就不可取了。”

八

孟武伯问：“子路仁乎？”子曰：“不知也。”又问。子曰：“由也，千乘之国，可使治其赋①也，不知其仁也。”

“求也何如？”子曰：“求也，千室之邑②，百乘之家③，可使为之宰④也，不知其仁也。”

“赤也何如？”子曰：“赤也，束带立于朝，可使与宾客⑤言也，不知其仁也。”

注释

①赋：兵赋，古代兵役制度，这里指军政工作。

②邑：古代庶民聚居之所，这里指诸侯士大夫的封地。

③家：卿大夫的采地或采邑，这里指相对较小的采邑。

④宰：采邑的长官。

⑤宾客：宾，贵客，天子诸侯的客人叫宾，一般的客人叫客。

译文

孟武伯问："子路有仁德吗？"孔子说："我不知道。"孟武伯又问了一遍。孔子说："仲由啊，若有一个拥有千乘兵车的诸侯国，那他完全可以去掌管那个国家的军事，但是我不知道他有无仁德。"

孟武伯又问："冉求这个人怎么样？"孔子说："冉求嘛，一个拥有千户人家的大邑，一个拥有百辆兵车的采邑，他可以做那里的长官。他有无仁德，我不知道。"

孟武伯又问："公西赤这个人怎么样？"孔子说："公西赤嘛，可以让他穿着礼服站立在朝廷上，接待宾客，与他们交谈。至于他有无仁德，我不知道。"

九

子谓子贡曰："女与回也孰愈①？"对曰："赐也何敢望回！回也闻一以知十，赐也闻一以知二。"子曰："弗如也，吾与②女弗如也。"

注释

①愈：好，胜过。

②与 yù：同意，赞许。

译文

孔子对子贡说："你与颜回相比，谁更强？"子贡回答说："我怎敢与颜回相比呢！颜回懂一个道理，能推断出十个道理；我懂一个道理，只能推断出两个道理。"孔子说："不如啊，我同意你不如他啊。”

十

宰予昼寝。子曰：“朽木不可雕也，粪土之墙不可杇[①]也。于予与何诛[②]？”子曰：“始吾于人也，听其言而信其行；今吾于人也，听其言而观其行。于予与改是。”

注释

①杇 wū：粉刷。

②诛：责备。

译文

宰予白天睡觉。孔子说：“腐烂的木头无法雕刻，粪土般的土墙不可能粉刷了。我还能责备宰予什么呢？”孔子又说：“一开始，我看待一个人，听了他的话就相信他的行为；现在我看待一个人，听了他的话，还要观察一番他的行为举止，经过宰予的事情之后，我改变对人的看法了。”

十一

子曰：“吾未见刚者。”或对曰：“申枨[①]。”子曰：“枨也欲，焉得刚？”

注释

①申枨 chēng：字周，孔子的学生。

译文

孔子说："我没有见到刚正不阿的人。"有人说："申枨就是。"孔子说："申枨欲念强，他怎么能刚正不阿呢？"

十二

子贡曰："我不欲人之加[①]诸我也，吾亦欲无加诸人。"子曰："赐也，非尔所及也。"

注释

①加：施加，强加。

译文

子贡说："我不想让别人将事情强加于我，我也不想将事情强加于别人。"孔子说："赐呀，这不是你力所能及的事。"

十三

子贡曰："夫子之文章[①]，可得而闻也；夫子之言性[②]与天道，不可得而闻也。"

注释

①文章：指有关古代文献及诗书礼乐方面的学问。

②性：人的本性。

译文

子贡说："老师有关古代文献及诗书礼乐的学问，我们能听到；老师有关人的本性与天道的见解与论述，我们难于听到。"

十四

子路有闻，未之能行，唯恐有[①]闻。

注释

①有：同"又"。

译文

子路听到一种见解，尚未实现，此时担心的是又听到另种新的见解。

十五

子贡问曰："孔文子[①]何以谓之'文'也？"子曰："敏而好学，不耻下问，是以谓之'文'也。"

注释

①孔文子：即孔圉 yǔ，春秋时卫国大夫，死后谥"文"。

译文

子贡问道："为何称孔文子为'文'？"孔子说："他聪敏好学，向不如他的人请教不觉羞耻，故而称他为'文'。"

十六

子谓子产[①]："有君子之道四焉：其行己也恭，其事上也敬，其养民也惠，其使民也义。"

注释

①子产：公孙侨，字子产，郑穆公之孙，春秋时郑国国相。

译文

孔子谈到子产时说："子产具有君子的四种品德：他自己的行为举止谦逊，他侍奉君王恭敬，他教养百姓讲求恩惠，他役使百姓合乎道义。"

十七

子曰："晏平仲[①]善与人交，久而敬之。"

注释

①晏平仲：即晏婴，春秋时齐国相，侍奉齐灵公、庄公、景公，以力主节俭而闻名。

译文

孔子说："晏平仲擅长同人交往，交往越久越深，别人就越尊敬他。"

十八

子曰："臧文仲居蔡[①]，山节藻棁[②]，何如其知[③]也？"

注释

①臧文仲：臧孙辰，鲁国的大夫。

蔡：指产于蔡地的大龟，古代占卜用。

②山节藻棁 zhuō：节，柱上的斗栱。

棁，梁上的短柱。藻，一种水草。

③知：通"智"。

译文

孔子说："臧文仲给蔡这种大龟造了座房子，那房子有刻着山岳的斗栱和画了水草的短柱，这个人算怎样的聪明呢？"

十九

子张问曰："令尹子文[①]三仕为令尹，无喜色；三已之，无愠色。旧令尹之政，必以告新令尹。何如？"子曰："忠矣。"曰："仁矣乎？"曰："未知，焉得仁？"

"崔子弑齐君[②]，陈文子[③]有马十乘，弃而违之。至于他邦，则曰：'犹吾大夫崔子也。'违之。之一邦，则又曰：'犹吾大夫崔子也。'违之，何如？"子曰："清矣。"曰："仁矣乎？"曰："未知，焉得仁？"

注释

①令尹：楚官职，相当于国相。

子文：即斗谷于菟，春秋时楚国令尹。

②崔子：崔杼，春秋时齐国大夫。

齐君：即齐庄公，名光。

③陈文子：名须无，齐国大夫。

译文

子张问道："令尹子文多次做令尹，却面无高兴之色；多次遭罢职，却面无怨恨之色。他每次离任，总要将自己在任时的政事全部告诉新令尹。他这种人怎么样呢？"孔子说："真做到忠了。"子张又问："算得上仁吗？"孔子说："不知道，怎能算仁呢？"

子张又问道："崔子杀齐庄公。陈文子有四十匹马，却舍弃掉，离开齐国到了其他国家。他说：'你们这里的执政者同我国的崔子大夫完全一样。'于是他又离开那个国家，到了另一个国家说：'你们这里的执政者同我国的崔子大夫完全一样。'于是他又离开那个国家。他这种人怎么样呢？"孔子说："做到清了。"子张又问："算不算仁爱呢？"孔子说："不知道，这怎能算仁呢？"

二十

季文子[①]三思而后行。子闻之，曰："再[②]，斯可矣。"

注释

①季文子：季孙行父，鲁国大夫。

②再：两次。

译文

季文子办事总是反复考虑多次才着手进行。孔子听说后说："考虑两次就可以了。"

二十一

子曰："宁武子①，邦有道，则知；邦无道，则愚②。其知可及也，其愚不可及也。"

注释

①宁武子：宁俞，卫国大夫。

②愚：这里是指为明哲保身而装傻。

译文

孔子说："宁武子在国家有道之时显得特别聪明，在国家无道之时他就假装愚蠢。他的聪明，其他人能达到；他的假装愚蠢，其他人赶不上。"

二十二

子在陈①，曰："归与！归与！吾党之小子狂简②，斐然成章，不知所以裁③之。"

注释

①陈：国名，舜的后代为其王。都城在今河南淮阳。

②狂简：狂妄，志向高远。

③裁：剪裁，这里为指导他人成才。

译文

孔子在陈国，说："回去吧，回去吧！我家乡的弟子们志向高远，文采斐然成章，我真不知道该如何栽培他们了。"

二十三

子曰："伯夷、叔齐①，不念旧恶②，怨是用希。"

注释

①伯夷、叔齐：孤竹君的两个儿子。因为互相让位而都投奔周文王。武王伐纣时他们曾拦车劝阻，后以食周朝粮食为耻，最后饿死在首阳山上。

②恶：嫌隙，仇恨。

译文

孔子说："伯夷、叔齐不记前仇旧怨，故而别人对他们的怨恨也就少了。"

二十四

子曰："孰谓微生高[①]直？或乞醯[②]焉，乞诸其邻而与之。"

注释

①微生高：春秋时鲁国人。

有人认为他就是"尾生抱柱"故事里的尾生高。

②醯 xī：醋。

译文

孔子说："谁说微生高直爽？别人向他要一点醋，他不说家中没醋，而是向邻居要了些醋再转给那个人。"

二十五

子曰："巧言、令色、足恭，左丘明[①]耻之，丘亦耻之。匿[②]怨而友其人，左丘明耻之，丘亦耻之。"

注释

①左丘明：春秋时鲁国人，著名史学家。

相传《左氏春秋》（即《左传》）为其所作。

②匿：隐藏。

译文

孔子说："甜言蜜语装出笑脸恭敬过分，左丘明认为这些可耻，我也认为可耻。将对别人的怨恨藏在心底，表面还要假装与那人友好，左丘明认为这些可耻，我也认为可耻。"

二十六

颜渊、季路侍。子曰："盍[①]各言尔志？"

子路曰："愿车马衣轻裘与朋友共，敝[②]之而无憾。"

颜渊曰："愿无伐善，无施[③]劳。"

子路曰："愿闻子之志。"

子曰："老者安之，朋友信之，少者怀之。"

注释

①盍：何不。

②敝：破旧，坏。

③施：表白。

译文

颜渊、子路陪在孔子身边。

孔子说："你二人为何不说一下各自的志向呢？"

子路说："我甘心情愿与朋友共使我的车马衣服，即使用坏了，也没什么遗憾的。"

颜渊说："我愿不夸耀自己的长处，不表白自己的功劳。"

子路说："想听听老师的志向。"

孔子说："我愿老年人安逸，愿朋友相互信任，愿年轻人受到关怀。"

二十七

子曰："已矣乎！吾未见能见其过而内自讼[1]者也。"

注释

①自讼：自我责备。

译文

孔子说："算啦！我还没见过发现了自己有过失就在内心自责的人。"

二十八

子曰："十室之邑，必有忠信如丘者焉，不如丘之好学也。"

译文

孔子说："在十户人家聚居的地方，必定有像我一样有忠信的人，只是不如我好学罢了。"

雍也第六

一

子曰："雍也可使南面[1]。"

注释

①南面：在古代以坐北朝南为尊位，在这里泛指居尊位或官位。

译文

孔子说："冉雍啊，可以让他做大官。"

二

仲弓问子桑伯子[1]。子曰："可也，简[2]。"

仲弓曰："居敬而行简，以临其民，不亦可乎？居简而行简，无乃[3]大简乎？"子曰："雍之言然。"

注释

①子桑伯子：人名。一说是子桑户；一说是秦穆公时的子桑，即公孙枝。

但都未必可靠。杨伯峻先生认为很可能是位卿大夫。

②简：简单不烦琐。

③无乃：不，只用于反向句。

译文

仲弓问桑伯子此人怎么样。孔子说："还可以，他办事干脆而不繁琐。"

仲弓说："若既严肃又注重办事干脆利索，将此种办法用于统治天下百姓，不也可以吗？如若潦草从事，办事亦马虎，这不是过分简单近乎应付了吗？"孔子说："雍啊，你说得太对啦。"

三

哀公问："弟子孰为好学？"孔子对曰："有颜回者好学，不迁怒，不贰过。不幸短命死矣，今也则亡①，未闻好学者也。"

注释

①亡：通"无"。没有。

译文

鲁哀公问孔子："你所教的弟子中谁最为好学？"孔子回

答说："有个叫颜回的最好学。他从不迁怒于人，也不重复同样的过错。不幸的是，他短命而去了。现在这样的人没了，我没再听说过有谁好学了。"

四

子华[①]使[②]于齐，冉子[③]为其母请粟[④]。子曰："与之釜[⑤]。"

请益，曰："与之庾[⑥]。"

冉子与之粟五秉[⑦]。

子曰："赤之适齐也，乘肥马，衣轻裘。吾闻之也：君子周[⑧]急不继富。"

注释

①子华：姓公西，名赤，字子华，孔子的学生。

②使：出使。

③冉子：即冉有。

④粟：小米。

⑤釜 fǔ：古代计量单位，约合一斗二升八合 gě，即现在的十五斤左右。

按：古代计量换算，十合为一升，十升为一斗，十斗为一石；一石相当于现在的一百二十斤。

⑥庾 yǔ：古代计量单位。一庾约合四升八合，即五斤左右。

⑦秉：古代计量单位。五秉约合八十石，即九千六百斤。

⑧周：救济，周济。

译文

子华出使齐国，冉子替子华之母向孔子要点米。孔子说："给她一釜（六斗四升）吧。"

冉子请求多给些，孔子说："给她一庾（二斗四升）吧。"

冉子于是给了子华之母五秉米（八百斗）。

孔子说："子华到齐国，乘的是肥壮的马拉的车，穿的是又轻又暖的皮衣。我听说过：君子周济急需帮助的真正穷人，而不是周济富人。"

五

原思[1]为之宰，与之粟九百，辞。子曰："毋！以与尔邻里乡党[2]乎！"

注释

①原思：原宪，字子思。

②邻里乡党：古时五家为邻，二十五家为里，一万二千五百家为乡，五百家为党。这里泛指一乡的人。

译文

原思于孔子家中当总管，孔子给他九百斗小米，他推辞不肯要。孔子说："不要推辞了，多余的拿去给你家乡的人吧。"

六

子谓仲弓曰："犁牛①之子骍且角②，虽欲勿用，山川其③舍诸④？"

注释

①犁牛：耕牛。

②骍且角：骍，赤色。角，这里指角长得周正。

③其：难道。

④诸：合音字，是"之乎"的合音。

译文

孔子谈到仲弓时说："一头耕地的小牛犊满身红色皮毛，两只角长得端正。人不想用它来祭祀，难道山川之神会舍弃它吗？"

七

子曰："回也，其心三月①不违仁，其余，则日月至焉而已矣。"

注释

①三月：这里不是确数，而是表示长久的约数。

译文

孔子说："颜回嘛，他的心里长期离不开仁德，其他的弟子只能在短时间做到仁德罢了。"

八

季康子问："仲由可使从政也与？"子曰："由也果，于从政乎何有？"

曰："赐也可使从政也与？"曰："赐也达①，于从政乎何有？"

曰："求也可使从政也与？"曰："求也艺，于从政乎何有？"

注释

①达：通达事理。

译文

季康子问孔子："可以派仲由去处理政事吗？"孔子说："仲由办事果断，他处理政事能有何困难呢？"

季康子又问："可以派子贡去处理政事吗？"孔子说："子贡通达事理人情，他处理政事能有何困难呢？"

季康子又问道："可以派子有去处理政事吗？"孔子说："子有多才多艺，他处理政事能有何困难呢？"

九

季氏使闵子骞[①]为费[②]宰。闵子骞曰："善为我辞焉！如有复我者，则吾必在汶上[③]矣。"

注释

①闵子骞：闵损，字子骞，孔子的学生。

②费 bì：古地名，故城在今山东平邑东南。

③汶 wèn上：汶水的北边。

汶，指大汶河。上，指某水之北。

译文

季氏派人去请闵子骞为其封邑费的地方官。闵子骞对来人说："你好好替我谢绝吧！如再来请我去的话，我必定已去往汶水北边了。"

十

伯牛[①]有疾，子问之，自牖[②]执其手，曰："亡之，命矣夫！斯人也而有斯疾也！斯人也而有斯疾也！"

注释

①伯牛：冉耕，字伯牛，孔子的学生。

②牖 yǒu：窗户。

译文

伯牛患病，孔子去探望时从窗户伸手握住他的手说："就要失去你这个人啦，这是天命啊！这样的人竟得了这种病！这样的人竟得了这种病！"

十一

子曰："贤哉，回也！一箪[1]食，一瓢饮，在陋巷。人不堪其忧，回也不改其乐[2]。贤哉，回也！"

注释

①箪 dān：古代盛饭的圆形竹器。

②乐：乐观的态度。

译文

孔子说："颜回，多么贤良啊！一箪饭，一瓢水，住在狭窄的巷子里。一般的人难以忍受他那种令人忧愁的处境，但颜回却不改他的乐观。贤良啊，颜回！"

十二

冉求曰："非不说[1]子之道，力不足也。"子曰："力不足者[2]，中道而废，今女画[3]。"

注释

①说：通“悦”。

②者：表示假设的语气助词。

③女：通“汝”。画：停止。

译文

冉求说：“不是我不喜欢老师的学说，而是我的能力有限。”孔子说：“若能力不足的话，应该是走到半路而停。而现在你先给自己画了条线，就不再前行了。”

十三

子谓子夏曰：“女[①]为君子儒，无为小人儒！”

注释

①女：通“汝”。

译文

孔子对子夏说：“你应该做一个君子式的读书人，不要做小人式的读书人！”

十四

子游为武城[①]宰。子曰：“女[②]得人焉尔乎？”曰：“有澹台灭明[③]者，行不由径[④]，非公事，未尝至于偃之室也。”

注释

①武城：鲁国的城邑，在今山东费县西南。

②女：通“汝”。

③澹 tán 台灭明：字子羽，孔子弟子。

④径：小路，这里指歪门邪道。

译文

子游做武城的长官。孔子说：“你在那个地方发现人才了吗？”子游说：“有个人叫澹台灭明，此人办事不搞歪门邪道，不为公事，从不到我的屋内来。”

十五

子曰：“孟之反[①]不伐[②]，奔而殿，将入门，策其马，曰：‘非敢后也，马不进也。’”

注释

①孟之反：鲁国大夫，名侧，又称孟之侧。

②伐：自夸。

译文

孔子说：“孟之反从不自夸，打了败仗撤退时，他总是殿后。临进城门时，面对欢迎他的人群，他策马对大家说：不是我要走在后面，是我的马跑得不快呀！”

十六

子曰："不有[①]祝鮀[②]之佞，而有宋朝[③]之美，难乎免于今之世矣。"

注释

①不有：表示假设，假若没有的意思。

②祝鮀 tuó：卫国的大夫，字子鱼。

③宋朝：即宋国的公子朝。

译文

孔子说："如若没有祝鮀那般雄辩的口才，且有宋国公子朝的美貌，当今之世就很难避免祸患了。"

十七

子曰："谁能出不由户[①]？何莫由斯道也？"

注释

①户：房门。

译文

孔子说："有谁能走出屋子却不经过房门？为何没有人在这条仁义之路上行走呢？"

十八

子曰："质胜文则野，文胜质则史[①]。文质彬彬[②]，然后君子。"

注释

①史：文辞繁多，表示肤浅、虚浮无实。

②文质彬彬：形容人既文雅又朴实。

译文

孔子说："质朴胜过文采，则显得粗俗；文采胜过质朴，则显得浮华。质朴与文采恰当相配，便可成为文雅而朴实的君子了。"

十九

子曰："人之生也直，罔[①]之生也幸而免。"

注释

①罔：不正直的人。

译文

孔子说："人活在世上要正直；不正直的人也能活在世上，只是因为他们侥幸地躲避了灾难与祸患。"

二十

子曰："知之者不如好之者，好之者不如乐之者。"

译文

孔子说："懂得学问不如喜欢学问，喜欢学问不如以做学问为一种乐趣的人。"

二十一

子曰："中人以上，可以语上[①]也；中人以下，不可以语上也。"

注释

①上：这里指高深的学问。

译文

孔子说："资质为中等以上者，可以向他传授高深的学识；资质为中等以下者，无法向他传授高深的学问和道理。"

二十二

樊迟问知，子曰："务民之义，敬鬼神而远[①]之，可谓知矣。"

问仁，曰："仁者先难而后获，可谓仁矣。"

注释

①远：不接近。

译文

樊迟问何为聪明，孔子说："全力办好百姓的事情，对鬼神敬而远之，这样才算是聪明。"

樊迟又问何为仁德，孔子说："艰难困苦的事抢先去做，获得利益的事让给别人先做，这种做法即是仁德。"

二十三

子曰："知者乐水，仁者乐山。知者动，仁者静。知者乐，仁者寿。"

译文

孔子说："聪明人喜欢水，讲仁德的人喜欢山。聪明人活跃，仁德者安静。聪明人快乐，仁德者高寿。"

二十四

子曰："齐一变，至于[①]鲁；鲁一变，至于道。"

注释

①至于：达到。

译文

孔子说:“齐国政治一变革，就会达到鲁国的政治情况了；鲁国的政治一变革，就会合乎仁德之道了。”

二十五

子曰:“觚[①]不觚，觚哉！觚哉！”

注释

①觚 gū：古代盛酒的器皿。

译文

孔子说:“觚不像觚。这怎么能是觚啊！这怎么能是觚啊！”

二十六

宰我问曰:“仁者，虽告之曰‘井有仁[①]焉’，其从之也？”子曰:“何为其然也？君子可逝[②]也,不可陷也；可欺也，不可罔[③]也。”

注释

①仁：这里指仁人。

②逝 zhé：通“折”。摧折。

③罔：套住，指被愚弄。

译文

宰我问道："向有仁德的人说'有位讲仁德的人掉到井里了'，此人会跟着跳到井里吗？"孔子说："为何要这样做呢？君子可以因仁义而被摧折，却不可以用非理之事陷害。君子可以被欺骗，但不可以被愚弄。"

二十七

子曰："君子博学于文，约之以礼，亦可以弗畔[①]矣夫！"

注释

①畔：通"叛"。背离、背叛。

译文

孔子说："君子应广泛地学习知识，以礼约束自己的言行，这样，就可以不背离君子之道了。"

二十八

子见南子[①]，子路不说。夫子矢[②]之曰："予所[③]否者，天厌之！天厌之！"

注释

①南子：卫灵公夫人，原是宋国公主，相传非常美丽。

②矢：誓，发誓。

③所：如果，假若。

译文

孔子去见南子，子路显得不高兴。孔子对天发誓："我的行为若不合礼，就让上天厌弃我吧！就让上天厌弃我吧！"

二十九

子曰："中庸[①]之为德也，其至矣乎！民鲜久矣。"

注释

①中庸：孔子的道德标准之一。

中庸，即用中，是一种为人做事的标准。

译文

孔子说："中庸作为一种道德，算是至高无上的！人们缺乏这种道德已很久了。"

三十

子贡曰："如有博施于民而能济众，何如？可谓仁乎？"子曰："何事于仁！必也圣乎！尧舜[①]其犹病诸[②]！夫仁者，己欲立而立人，己欲达而达人。能近取譬，可谓仁之方也已。"

注释

①尧舜：上古传说中的两位非常仁德的帝王。

尧，号陶唐氏，传说是黄帝的五世孙。

舜，号有虞氏，传说是颛顼的七世孙。

②病：困难。

译文

子贡说："如若有人能给予百姓广泛的恩惠，救济他们，此人怎么样呢？能否称得上仁人？"孔子说："何止是仁人呢，必定是圣人啊！尧舜恐怕也难做到吧。有仁德的人，自己想要有所树立的同时也能帮助别人树立，自己想要通达的也帮助别人通达，其可谓推己及人。能从身边取实例去检验，可以说是施行仁德的方法。"

述而第七

一

子曰："述而不作[①]，信而好古，窃比于我老彭[②]。"

注释

①述而不作：述，阐述前人学说。

作，创作，这里只阐明前人的学说，而自己不创作。

②老彭：商朝大夫，名彭祖。

有人说这里的老彭是指老子和彭祖两个人。

译文

孔子说："只传述旧作而不创新，相信且喜好古时文化，我私下把自己与老彭相比。"

二

子曰："默而识[①]之，学而不厌[②]，诲人不倦，何有于我哉？"

注释

①识 zhì：记住。

②厌：厌倦。

译文

孔子说："默默地将所学的知识记在心里，努力学习而不满足，教诲他人从不倦怠。这些事情我做到了哪一点呢？"

三

子曰："德之不修，学之不讲，闻义不能徙，不善不能改，是吾忧也。"

译文

孔子说："德行不予修养，学识不潜心钻研，听到合乎义的事不能去做，不良善的毛病又不改。这些都是我所忧虑的啊！"

四

子之燕居[1]，申申[2]如也，夭夭[3]如也。

注释

①燕居：闲居。

②申申：舒展的样子。

③夭夭：轻松和悦的样子。

译文

孔子在家闲居之时，显得舒展，轻松且愉悦。

五

子曰："甚矣，吾衰也！久矣，吾不复梦见周公[①]！"

注释

①周公：周文王的儿子，武王的弟弟，是孔子最尊崇的古代圣人之一。

译文

孔子说："我衰老得多么厉害呀！我很久没有梦见周公了。"

六

子曰："志于道，据于德，依于仁，游于艺。"

译文

孔子说："志向在于'道'，信守在于'德'，依据在于'仁'，游戏习于'六艺'之中。"

七

子曰："自行束脩[①]以上，吾未尝无诲焉。"

注释

①束脩 xiū：脩，指干肉。古代一条干肉为一挺，十挺为一束，束脩就是十条干肉。古人相见必执礼，束脩是最菲薄的一种。

译文

孔子说："凡是自愿带着束脩来见我的，我从来没有不予以教诲的。"

八

子曰："不愤①不启②，不悱③不发④。举一隅不以三隅反，则不复也。"

注释

①愤：郁结于心，这里指想弄懂却不明白。

②启：启发。

③悱 fěi：这里指想说却说不出。

④发：说明，启发。

译文

孔子说："教诲学生时，只在他很想弄明白却又无法弄明白时去指点他，只在他很想说出来却又说不清楚时去启发他。凡不能举一反三者，我就不再教了。"

九

子食于有丧者之侧，未尝饱也。

译文

孔子在办丧事的人身旁吃饭，从来没有吃饱过。

十

子于是日哭，则不歌[①]。

注释

①这一章或应与上一章合为一章。

译文

孔子在吊丧的这一天哭过，他在就不唱歌了。

十一

子谓颜渊曰："用之则行，舍之则藏，唯我与尔有是夫！"子路曰："子行三军，则谁与[①]？"

子曰："暴虎冯河[②]，死而无悔者，吾不与也。必也临事而惧，好谋而成者也。"

注释

①与：偕同，共同。

②暴虎冯 píng 河：徒手搏虎曰暴虎，徒足涉河曰冯河。

译文

孔子对颜渊说："任用就出仕行道；不用就将其收藏好。只有我和你能有这样的态度。"

子路说："假若您去统帅军队作战，您会和谁共事呢？"

孔子说："空手与老虎搏斗，徒步涉水过河，死了也不后悔的人，我不会与他共事。同我共事的人必须是遇事谨慎小心、善于谋略且能取得成功的人。"

十二

子曰："富而可求也，虽执鞭之士[①]，吾亦为之。如不可求，从吾所好。"

注释

①执鞭之士：指市场的守门人，他们常手执皮鞭维持秩序。

译文

孔子说："财富要是可以求得的话，即便是做市场的守门卒，我也愿意。如若不能求得，那我还是干自己喜欢的事。"

十三

子之所慎：齐[①]、战、疾。

注释

①齐 zhāi：同“斋”。祭祀之前整洁身心以示虔敬。

译文

孔子所慎重对待的三件事为：斋戒、战争、疾病。

十四

子在齐闻《韶》，三月不知肉味，曰：“不图[①]为乐之至于斯也。”

注释

①图：预料，料想。

译文

孔子在齐国听到《韶》乐后，很长时间尝不出肉味，于是说：“真没想到《韶》乐会达到这么高的水平！”

十五

冉有曰：“夫子为[①]卫君[②]乎？”子贡曰：“诺，吾将问之。”

入，曰："伯夷、叔齐何人也？"曰："古之贤人也。"曰："怨乎？"曰："求仁而得仁，又何怨？"

出，曰："夫子不为也。"

注释

①为 wèi：帮助，辅助。

②卫君：卫出公辄，卫灵公的孙子。

译文

冉有问子贡："老师会辅助卫君吗？"子贡说："嗯，我去问问他。"

子贡进去问孔子："伯夷、叔齐是怎样的人？"孔子说："他们是古代的贤人啊！"

子贡又问："他俩互让君位而出逃，心中有怨恨吗？"孔子回答说："他俩谋求仁德，又得到了仁德，又有什么可怨悔的呢？"

子贡出来后对冉有说："老师不会辅助卫君。"

十六

子曰："饭疏食[①]，饮水，曲肱[②]而枕之，乐亦在其中矣。不义而富且贵，于我如浮云。"

注释

①疏食：粗糙的饭食。

②肱 gōng：胳膊。

译文

孔子说："吃粗糙的饭，喝白水，弯着胳膊当枕头，乐趣也就在这里面了。以不义之手段获得的富贵，对我来说，犹如天上飘动的浮云。"

十七

子曰："加我数年，五十以学《易》，可以无大过矣。"

译文

孔子说："如果我寿命增加几年，五十岁时学习《易经》，学习中不会出大的过错了。"

十八

子所雅言[①]，《诗》《书》执礼，皆雅言也。

注释

①雅言：当时所通行的官方语言，其性质类似今天的普通话。

译文

孔子有用雅言的时候，他读《诗经》《尚书》与行礼时，就用雅言。

十九

叶公[①]问孔子于子路，子路不对。子曰："汝奚不曰：其为人也，发愤忘食，乐以忘忧，不知老之将至云尔[②]。"

注释

①叶 shè 公：叶这个地方的长官。

叶，地名，春秋时属楚国，故城在今河南叶县南。

②云尔：如此而已。云，如此。

尔，通"耳"。而已、罢了。

译文

叶公通过子路打听孔子是怎样的一个人。子路不知该如何回答。孔子对子路说："你为何不说，他发愤读书时竟忘了吃饭，高兴得忘了忧愁，连自己马上要衰老了也不知道。如此而已。"

二十

子曰："我非生而知之者，好古，敏以求之者也。"

译文

孔子说："我并非生来就有学问，我的学问是我喜好探讨古文化，敏锐勤奋寻求的人！"

二十一

子不语怪、力[①]、乱、神。

注释

①力：指暴力。

译文

孔子不谈论怪异、暴力、叛乱鬼神这四类事情。

二十二

子曰："三人行，必有我师焉。择其善者而从之，其不善者而改之。"

译文

孔子说："几个人走路，其中必有我的老师。我选择他们的长处去学习，用他们的不良缺点为借鉴并加以改正。"

二十三

子曰："天生德于予，桓魋[①]其如予何！"

注释

①桓魋 tuí：宋国人，原名何魋，因为是宋桓公的后代，所以称他为桓魋，他在宋国主管军政任司马。

译文

孔子说："上天将美好的品德赋予了我，桓魋能把我怎么样呢？"

二十四

子曰："二三子以我为隐[①]乎？吾无隐乎尔。吾无行而不与二三子者，是丘也。"

注释

①隐：隐瞒。

译文

孔子说："你们这些弟子以为我对你们有什么隐瞒的吗？我对你们没有可隐瞒的，我没有任何行动不让你们知道。我孔丘就是这样的人。"

二十五

子以四教：文、行、忠、信。

译文

孔子从四个方面教诲弟子：典籍文献，实践德行，忠诚待人，诚信至上。

二十六

子曰："圣人，吾不得而见之矣；得见君子者，斯可矣。"

子曰："善人，吾不得而见之矣；得见有恒[①]者，斯可矣。亡而为有，虚而为盈，约而为泰[②]，难乎有恒矣。"

注释

①有恒：指守志如一，能始终保持气节。

②泰：豪华，富有。

译文

孔子说："圣人，我是看不到了；我能看到君子，这也就可以了。"

孔子说："善人，我是看不到了；能看到有恒心重气节操守的人，也就可以了。本来没有却假装有，本来空虚却假装充实，本来穷困却假装富有，如此很难持恒气节操守。"

二十七

子钓而不网[①]，弋[②]不射宿[③]。

注释

①网：名词作动词，用网取鱼。

②弋 yì：用带生丝的箭来射飞禽走兽。

③宿：指归巢而息的鸟。

译文

孔子只钓鱼，从不用网捕鱼，也从不射已归巢的鸟。

二十八

子曰："盖有不知而作之者，我无是也。多闻，择其善者而从之，多见而识之，知之次也[①]。"

注释

①知之次也：《季氏篇》记载了孔子的话："生而知之者，上也；学而知之者，次也。"

这里孔子说自己只是多学、多看，是"学而知之者"。

译文

孔子说："可能有自己并不明白却妄加独创的人，我没有此类事情。我广泛听取各种意见，从中选择好的意见加以运用；多看各种各样的事情，并铭记心里；这样的知，是仅次于生而知之的一类。"

二十九

互乡[①]难与言，童子见，门人惑。子曰："与其进也，不与其退也，唯何甚！人洁己以进，与其洁也，不保[②]其往也。"

注释

①互乡：地名，据传此地的人多做不义之事。

②保：守，牢记不忘。

译文

人们很难同互乡这个地方的人交谈，互乡的一个少年被孔子接见，孔子的弟子们对此大惑不解。孔子说："我赞成他的进步，不赞成他的倒退。我这样做有何过分之处！人家已去掉身上的污点有所进步，就应赞成他的洁净，不应抓住人家的过去不放。"

三十

子曰："仁远乎哉？我欲仁，斯仁至矣。"

译文

孔子说："仁德真的离我们很远吗？我希望仁德，仁德就会到来的。"

三十一

陈司败[①]问："昭公[②]知礼乎？"孔子曰："知礼。"

孔子退，揖巫马期[③]而进之，曰："吾闻君子不党[④]，君子亦党乎？君取[⑤]于吴[⑥]，为同姓，谓之吴孟子[⑦]。君而知礼，孰不知礼？"

巫马期以告。子曰："丘也幸，苟有过，人必知之。"

注释

①司败：官名。春秋时，楚、陈二国称司寇为司败，主管镇压盗贼、刑狱及治安。

②昭公：鲁昭公，名裯，鲁襄公庶子。

③巫马期：姓巫马，名施，字子期，孔子的学生。

④党：偏私，偏袒。

⑤取：同“娶”。

⑥吴：国名。

⑦吴孟子：春秋时，国君夫人的称号一般是她所生之国的国名加她的本姓。鲁昭公的夫人是吴国人，姓姬，本应称她为吴姬，但是鲁王本姓也是姬，这就违背了周礼的“同姓不婚”，故改称吴孟子。

译文

陈国的司败问孔子：“鲁昭公知礼吗？”孔子说：“知礼。”

孔子退出。陈国的司败向巫马期作揖，请其进来说：“我听说君子不偏袒。莫非君子会偏袒吗？鲁君从吴国娶了一位夫人，因为同姓，故称那夫人为吴孟子。鲁君若知礼，那还能有谁不知礼呢？”

巫马期将这番话告诉了孔子。孔子说：“我孔丘真是幸运，如若我有过失，别人一定会让我知道。”

三十二

子与人歌而善，必使反[①]之，而后和之。

注释

①反：反复。

译文

孔子同别人一起唱歌，别人若唱得好，就让那人再唱，而后跟着那人唱。

三十三

子曰："文，莫[①]吾犹[②]人也。躬行君子，则吾未之有得。"

注释

①莫：大约，或许。

②犹：如同，差不多。

译文

孔子说："礼乐文化知识，我也许同其他人差不多。至于身体力行的君子，我还没有做到。"

三十四

子曰："若圣与仁，则吾岂敢！抑为之不厌，诲人不倦，则可谓云尔已矣。"公西华曰："正唯[①]弟子不能学也。"

注释

①正唯：表示肯定，正是。

译文

孔子说："若论及圣与仁，我怎敢承当！我只不过在探求学问上不感到厌烦，教诲别人时不倦怠，也就是这样罢了。"

公西华说："这是弟子所学不到的呀！"

三十五

子疾病[①]，子路请祷。子曰："有诸？"子路对曰："有之。《诔》[②]曰：'祷尔于上下神祇[③]。'"子曰："丘也，祷久矣。"

注释

①疾病：病重。

②《诔》：求福的祈祷文。诔，音lěi。

③祇 qí：地神。

译文

孔子病重，子路请求祷告。孔子问道："有这回事吗？"子路说："有，《诔》上说：'替你向天地神祷告。'"孔子说："孔丘我祷告已经很久了。"

三十六

子曰:“奢则不孙[①],俭则固[②],与其不孙也,宁固。”

注释

①孙:通“逊”。谦让、恭顺。

②固:简陋,寒碜。

译文

孔子说:“奢侈则不恭顺,节俭则会显得简陋。与其不恭顺,宁可简陋。”

三十七

子曰:“君子坦荡荡,小人长戚戚。”

译文

孔子说:“君子心地纯洁,心胸豁达,而小人则常常忧愁不安。”

三十八

子温而厉,威而不猛,恭而安。

译文

孔子温和而严肃,威仪却不凶暴,庄重而安详。

泰伯第八

一

子曰："泰伯[①]，其可谓至德也已矣。三以天下让，民无得而称焉。"

注释

①泰伯：也作"太伯"。周朝祖先古公亶父的长子。古公有太伯、仲雍、季历三子。季历的儿子即周文王姬昌。

译文

孔子说："泰伯可以说是品德最高尚的人了。他多次将天下让给季历，百姓无法用语言来赞美他。"

二

子曰："恭而无礼则劳，慎而无礼则葸[①]，勇而无礼则乱，直而无礼则绞[②]。君子笃[③]于亲，则民兴于仁；故旧不遗，则民不偷[④]。"

注释

①葸 xǐ：畏惧，害怕。

②绞：尖刻。

③笃：忠实，忠厚。

④偷：这里指感情淡薄。

译文

孔子说："恭敬庄重却不懂礼，则会劳累；谨慎从事却不懂礼，则会畏惧；勇敢却不懂礼，则会犯上作乱；直爽却不懂礼，则会尖刻。君子若能忠实对待其亲人，百姓就会大兴仁德；在上位的人若能不遗弃其故友旧好，百姓就不会冷漠相待。"

三

曾子有疾，召门弟子曰："启[①]予足！启予手！《诗》云：'战战兢兢，如临深渊，如履薄冰。'而今而后，吾知免夫！小子！"

注释

①启：看。

译文

曾子患病，将其弟子召集身边，说："你们看看我的脚，看看我的手！《诗经》上说：'要小心谨慎啊，就像走近深渊，就像在薄薄的冰层上行走。'从今往后，我才明白自己可以免于遭受祸患了！弟子们啊！"

四

曾子有疾，孟敬子问[①]之。曾子言曰："鸟之将死，其鸣也哀；人之将死，其言也善。君子所贵乎道者三：动容貌，斯远暴慢[②]矣；正颜色，斯近信矣；出辞气[③]，斯远鄙倍[④]矣。笾豆之事[⑤]，则有司[⑥]存。"

注释

①孟敬子：鲁国大夫仲孙捷。问：探问，看望。

②暴慢：粗暴，怠慢。

③辞气：言辞与语气。

④鄙倍：粗俗、不合理。倍，同"背"。不合理。

⑤笾 biān 豆之事：指礼仪中的细节。笾，古代的一种竹器，祭祀时用来盛果疏等食品。豆，古代的一种器皿，是用木头做成的，盛有汤汁的食品，祭祀时会用到。

⑥有司：主管的官员。

译文

曾子患病，孟敬子前去看望。曾子说："鸟快死的时候，它的叫声是悲凉的；人快死的时候，他所说的话，也是善意的。君子应重视道的三个方面：自己的容貌应端正谦逊，这样可避免他人对自己的粗暴与怠慢；自己的脸色应庄重严肃，这样可以让别人更信任；讲求言辞与口气的得体和顺，就可以避免粗俗有悖礼节。至于祭祀方面的礼仪细节，则有主管的官员操持。"

五

曾子曰："以能问于不能，以多问于寡；有若无，实若虚，犯而不校。昔者吾友[①]尝从事于斯矣。"

注释

①吾友：指颜回。

译文

曾子说："有能力的人向无能力的人请教，学问丰富的人向学问浅薄的人请教。自己本来满肚子学问，却像什么学问也没有一样；自己本来有充实的知识，却像空虚；他人冒犯了自己却并不计较。过去，我的一位朋友就是这样做的。"

六

曾子曰："可以托六尺[①]之孤，可以寄百里之命，临大节而不可夺也。君子人与？君子人也。"

注释

①六尺：古代的尺较短，一尺约合二十厘米。

译文

曾子说："可以将年幼的君王托付给他，可以将国家的政令交给他，他面对国之存亡的关头，决不动摇。这种人可称得上君子吗？可以称得上君子啦！"

七

曾子曰："士[①]不可以不弘毅[②]，任重而道远。仁以为己任，不亦重乎？死而后已，不亦远乎？"

注释

①士：古代指读书人。

②弘毅：强毅，心胸宽广有志向。

译文

曾子说："读书人不可以不胸怀宽广，他们责任重大，道路遥远。他们将实现仁德作为自己的责任，这能不重要吗？努力到死才罢休，难道这路途不遥远吗？"

八

子曰："兴于《诗》，立于礼，成于乐。"

译文

孔子说："使人振奋士气的是《诗经》，使人建树德行的是礼，使人完善情操的是乐。"

九

子曰："民可使由之，不可使知之。"[①]

注释

①这节的内容与孔子的"圣人"形象不符，这里很可能讲的是非常时期的使民之法。

译文

孔子说："老百姓，可以使他们顺着所指定的路走，不可使他们懂得为什么。"

十

子曰："好勇疾贫，乱也；人而不仁，疾之已甚，乱也。"

译文

孔子说："喜好勇武而痛恨贫困，会产生祸乱；过分痛恨不仁的人，也会逼出乱子。"

十一

子曰："如有周公之才之美，使骄且吝，其余不足观也已。"

译文

孔子说："如果有人拥有周公那样美好的才能，却是既骄横又吝啬，那么，他别的方面也就不值得一看了。"

十二

子曰:“三年学,不至[1]于谷[2],不易得也。”

注释

①至:意念之所至,想到。

②谷:古代以谷米作为俸禄,所以谷在此借指做官。

译文

孔子说:“读了多年的书,仍未想到做官得俸禄,这种人真难得啊!”

十三

子曰:“笃信好学,守死善道。危邦不入,乱邦不居。天下有道则见[1],无道则隐。邦有道,贫且贱焉,耻也;邦无道,富且贵焉,耻也。”

注释

①见:同“现”。

译文

孔子说:“坚定信仰刻苦好学,死守做人的善道。政局不稳的国家不去,混乱无序的国家不住。天下有道,则出来做官,天下无道,则隐退。国家有道,你却贫贱,此为耻辱;国家无道,你却富贵,此亦为耻辱。”

十四

子曰：“不在其位，不谋其政。”

译文

孔子说：“不在那个职位上就不考虑那个职位的政务。”

十五

子曰：“师挚[①]之始[②]，《关雎》之乱[③]，洋洋乎盈耳哉！”

注释

①师挚：鲁国的乐师，名挚。

②始：乐曲的开端。

③乱：乐曲的结束。

译文

孔子说：“从鲁国的乐师挚开始演奏，一直到以《关雎》结尾。美妙的乐声充满我的双耳。”

十六

子曰：“狂而不直，侗[①]而不愿，悾悾[②]而不信，吾不知之矣。”

注释

①侗 dòng：幼稚无知。

②悾悾 kōng：无知的样子。

译文

孔子说："狂放而不直率，幼稚而不谨慎，看似诚实而不讲信用，我真的不理解这种人怎么会这样！"

十七

子曰："学如不及，犹恐失之。"

译文

孔子说："钻研学问要有紧迫感，生怕追赶不上，赶上后又唯恐丢掉了。"

十八

子曰："巍巍[①]乎，舜禹之有天下也，而不与[②]焉。"

注释

①巍巍 wēi：崇高伟大。

②与 yù：参与。这里有享受和私有的意思。

译文

孔子说："伟大呀，伟大！舜禹拥有天下，却不为自己谋取任何东西。"

十九

子曰："大哉，尧之为君也！巍巍乎！唯天为大，唯尧则[1]之。荡荡[2]乎！民无能名[3]焉。巍巍乎其有成功也，焕乎其有文章[4]！"

注释

①则：效法。

②荡荡：浩大的样子。

③名：说出。

④文章：礼乐法度。

译文

孔子说："伟大啊，尧这样的君王！多么崇高呀！天最高大，唯有尧可效法天。尧的恩德多浩大啊，天下百姓真不知该如何赞颂他。他的功绩多么崇高啊，他的礼乐法度光彩四射，光明显赫！"

二十

舜有臣五人[1]而天下治。武王曰："予有乱臣[2]十人。"孔子曰："才难，不其然乎？唐虞之际，于斯为盛。有妇人焉，九人而已。三分天下有其二，以服事殷。周之德，其可谓至德也已矣。"

注释

①五人：传说舜有五位贤臣即禹、稷、契、皋陶与伯益。

②乱臣：治国之臣。乱，是治的意思。

译文

舜仅有五位贤臣就能使天下大治。周武王说："我有十位大臣治理天下。"孔子说："人才难得，难道不是这样吗？唐尧、虞舜的那个时代人才最为旺盛。周武王的十位大臣中有一位是女的，故只能说是九位吧。周文王虽得了三分之二的天下，却仍向商纣称臣。周文王的道德可算是达到最高境界了。"

二十一

子曰："禹，吾无间[①]然矣。菲[②]饮食而致孝乎鬼神，恶衣服而致美乎黻冕[③]，卑宫室而尽力乎沟洫[④]。禹，吾无间然矣。"

注释

①间：挑毛病，挑剔。

②菲：简单粗劣。

③黻冕 fúmiǎn：祭祀时穿的礼服和帽子。

④沟洫：沟渠。

译文

孔子说："禹，我对他实在无法挑剔什么了。他的饮食很简单，却将祭鬼神的祭品弄得很精致；他穿的衣服很粗劣，却把祭祀用的祭服做得十分华美；他住的宫室很简陋，却尽力修筑沟渠。禹，我对他实在无法挑剔什么了。"

子罕第九

一

子罕[①]言利与命，与[②]仁。

注释

①罕：少。

②与：这个与是赞许之意。

译文

孔子很少谈及利益及天命，却赞许仁。

二

达巷党[①]人曰："大哉，孔子！博学而无所成名。"子闻之，谓门弟子曰："吾何执？执御乎？执射乎？吾执御[②]矣。"

注释

①达巷党：即达巷，鲁国地名。

②执御：驾车。驾车是为他人服务的，表现出孔子的谦虚。

译文

达巷的人说："伟大啊，孔子！他学问渊博，只是缺乏特长，难以成名啊。"孔子听了这话，对弟子们说："我专攻哪一种技艺为好呢？专攻驾车，还是射箭？我就专攻驾车吧。"

三

子曰："麻冕[①]，礼也；今也纯[②]，俭，吾从众。拜下，礼也；今拜乎上，泰也。虽违众，吾从下。"

注释

①麻冕：古代一种麻织的帽子，是礼服的一种。

②纯：丝。

译文

孔子说："用麻织礼帽，符合礼节；现今改作丝织礼帽，比用麻节省，我顺从人们的这种做法。臣子见君王，先于堂下拜，再升堂拜，这符合传统的礼节；如今都只是升堂拜，这很傲慢。我的做法虽与人们的违背，但我仍坚持先于堂下拜。"

四

子绝四：毋意，毋必，毋固，毋我。

译文

孔子坚持“四不”：不主观意料，不绝对肯定，不固执己见，不唯我独尊。

五

子畏[①]于匡，曰：“文王既没，文不在兹乎？天之将丧斯文[②]也，后死者[③]不得与于斯文也；天之未丧斯文也，匡人其如予何？”

注释

①畏：通“围”。围困。

②斯文：斯，此、这。文，文化。

③后死者：指孔子自己。

译文

在匡这个地方孔子被当地人围困起来。孔子说：“周文王死后，文化遗产不都在我这里吗？上天若想消灭这种文化，我也就不掌握它们了；上天若不想消灭这种文化，那么匡人又能将我怎么样呢？”

六

太宰[①]问于子贡曰："夫子圣者与？何其多能也？"子贡曰："固[②]天纵之将圣，又多能也。"

子闻之，曰："太宰知我乎！吾少也贱，故多能鄙事。君子多乎哉？不多也。"

注释

①太宰：官名，掌管国家典籍，并辅佐君王治理国家。

②固：必，一定。

译文

太宰问子贡："孔夫子是圣人吗？他为何多才多艺呢？"子贡说："是上天让他成为圣人，又让他多才多艺的。"

孔子听说后，说："太宰了解我呀！我小时候生活贫寒，故而学了许多鄙微的技艺。真正的君子要有这么多技艺吗？不用这么多啊！"

七

牢[①]曰："子云：'吾不试[②]，故艺。'"

注释

①牢：此人并没有确切的历史记载，郑玄认为是孔子的学生。

②试：任用，重用。

译文

牢说："孔子说过：'我未被重用，故而学了许多技艺。'"

八

子曰："吾有知乎哉？无知也。有鄙夫[①]问于我，空空如也。我叩其两端而竭[②]焉。"

注释

①鄙夫：庄稼人。

②竭：竭力，尽力。

译文

孔子说："我有学识吗？我无学识啊！一个庄稼汉问我的问题，我一点儿也不知道。我根据他所提问题的始末及正反两个方面逐一判断，最后尽量将满意的答案告诉他。"

九

子曰："凤鸟不至，河不出图[①]，吾已矣夫！"

注释

①凤鸟不至，河不出图：凤鸟，即凤凰，是祥瑞的象征，它的出现代表天下太平。河图，河马负图之意，传言伏羲得到该图，把它演变为八卦。河图出现，表示会有圣人受命。孔子说此是比喻当时天下清明无望。

译文

孔子说："凤凰不飞来，黄河无河图出现，我这一生也就完啦！"

十

子见齐衰[①]者，冕衣裳者[②]与瞽者，见之，虽少，必作；过之，必趋[③]。

注释

①齐衰 zī cuī：古代的丧服。

②冕衣裳者：衣冠整齐的人，指地位高的贵族。

③趋：小步快走。

译文

孔子见到穿丧服的穿着礼服戴礼帽的及瞎了眼的人，即便是年轻人，也必定从座位上起身；若从他们身边走过，也必定是快步而过。

十一

颜渊喟然叹曰："仰之弥[①]高，钻之弥坚。瞻之在前，忽焉在后。夫子循循然善诱人，博我以文，约我以礼，欲罢不能。既竭吾才，如有所立卓尔[②]。虽欲从之，末由[③]也已。"

注释

①弥：更加、越发。

②卓尔：突出的样子。

③末由：无处着手，无章可循。末，没有。由，遵循。

译文

颜渊感叹说："老师的思想和学问，我越仰望越觉得它高；老师的思想和学问，我越研究越觉得它深奥。我看到它似乎在眼前，忽而又像到了后面。老师善于循序渐进地引导我，以典籍广博丰富的学问教育我，以礼约束我的行为，使我想中断学习都不可能。我已用尽了我的才能，老师要教我的学问还是高高地矗立在我面前。我想攀登上去，却找不到路径。"

十二

子疾病，子路使门人为臣[①]。病间，曰："久矣哉，由之行诈也！无臣而为有臣。吾谁欺？欺天乎？且予与其死于臣之手也，无宁[②]死于二三子之手乎！且予纵不得大葬，予死于道路乎？"

注释

①臣：即家臣。周时，大夫的丧事要由家臣来准备和安排，孔子当时不是大夫，没有家臣，子路便想让门人充当孔子的家臣来准备孔子的丧事。

②无宁：宁可。无，在这里是语助词，无实义。

译文

孔子病情加重，子路便让他的弟子们做家臣，准备操办丧事。孔子病情好转后，知道了这件事，便说："仲由这种骗人的把戏已很久了。本来没有家臣，却偏要装作有家臣。我骗谁呀？我欺骗天吗？与其死在家臣手里，我宁可死在你们这些弟子手中。我即使不能享受卿大夫的葬礼规格，莫非会死在路上而无人安葬我吗？"

十三

子贡曰："有美玉于斯，韫椟[①]而藏诸？求善贾[②]而沽诸？"子曰："沽之哉！沽之哉！我待贾者也！"

注释

①韫椟 yùndú：藏在匣子里。韫，收藏。椟，木匣。

②贾：同"价"。价钱。

译文

子贡说："如若这里有块美玉，是将它放在匣子里收藏呢，还是找个识货的商人将它卖掉呢？"孔子说："卖掉它！卖掉它！我在等待识货的商人呢！"

十四

子欲居九夷[①]。或曰："陋[②]，如之何？"子曰："君子居之，何陋之有？"

注释

①九夷：少数民族的泛称，这里指九夷人居住的地方。

②陋：固陋，文化简陋。

译文

孔子想去九夷所在之地居住。有人说："那地方很简陋，怎么住呢？"孔子说："君子去居住，还会有什么简陋呢？"

十五

子曰："吾自卫反鲁，然后乐正[①]，《雅》《颂》各得其所。"

注释

①正：整理，使端正。

译文

孔子说："我从卫国回到鲁国，而后将乐章整理出来，于是《雅》《颂》各得其所。"

十六

子曰："出则事公卿，入则事父兄，丧事不敢不勉[①]，不为酒困[②]，何有于我哉？"

注释

①勉：尽力。

②酒困：被酒困扰，指因酒乱性。

译文

孔子说："在外则侍奉公卿，在家则侍奉父兄，办丧事不敢不尽力，不因酒乱性。此类事我做得如何呢？"

十七

子在川上曰："逝者如斯夫，不舍①昼夜。"

注释

①舍：停留，居住。

译文

孔子站在河边，说："逝去的时光多像这河水呀，日夜不停地向前奔流而去。"

十八

子曰："吾未见好德如好色者也。"

译文

孔子说："我从未见过有谁喜好德像喜欢女色那样。"

十九

子曰:“譬如为山,未成一篑,止,吾止也。譬如平地,虽覆一篑,进,吾往也。”

译文

孔子说:“譬如堆一座土山,仅差一筐土就堆成了,可是却停住了,是我自己停住的。譬如平整地面,即使刚倒下一筐土,需要再继续倒下去,是我自己坚持倒下去的,这是坚持不懈。”

二十

子曰:“语之而不惰者,其回也与!”

译文

孔子说:“听我说话毫不懈怠者,也就只有颜回了。”

二十一

子谓颜渊,曰:“惜乎!吾见其进也,未见其止也。”

译文

孔子谈到颜渊时,说:“他死了多可惜呀!我只看到他求学问不断地进步,没有看到过他停滞不前。”

二十二

子曰："苗而不秀[①]者有矣夫！秀而不实者有矣夫！"

注释

①秀：开花、吐穗。

译文

孔子说："庄稼长苗却不吐穗开花，有这种情形啊！吐穗开花了，却不结果实，有这种情形啊！"

二十三

子曰："后生可畏，焉知来者之不如今也？四十五十而无闻焉，斯亦不足畏也已。"

译文

孔子说："青年人是很可怕的，哪能知道后一辈的人比不上现在的人呢？一个人到了四五十岁仍无名望，也就没什么可怕的了。"

二十四

子曰："法语之言[①]，能无从乎？改之为贵。巽与之言[②]，能无说乎？绎[③]之为贵。说而不绎，从而不改，吾未如之何也已矣。"

注释

①法语之言：法规和礼法教诫的内容。

②巽 xùn 与之言：恭维顺从的话。巽与，顺从。

③绎：推究事理。

译文

孔子说：“合乎礼法的论述，能不遵从吗？纠正失误是可贵的。以恭维的话语赞颂，能不欣慰吗？推究恭维话语的真义所在甚为可贵。只是一味地欣喜，而不去推究恭维话语的真义，只是一味地遵从而不纠正失误，面对如此情形，我也无能为力了。”

二十五

子曰：“主忠信，毋友不如己者，过则勿惮改。”

译文

孔子说：“主张忠实诚信，切勿同不如自己的人交朋友，犯了过失不要怕纠正。”

二十六

子曰：“三军[①]可夺帅也，匹夫不可夺志也。”

注释

①三军：按照周朝的制度，诸侯中的大国可以有三军，约一万人左右。

译文

孔子说："可以使军队的统帅丧失，而一个普通人的志向是不能被强迫改变的。"

二十七

子曰："衣敝缊袍[①]，与衣狐貉者立，而不耻者，其由也与！'不忮不求，何用不臧？'[②]"子路终身诵之。子曰："是道也，何足以臧？"

注释

①衣 yì 敝缊 yùn 袍：穿着破烂的旧丝棉袍子。衣，作动词，"穿"的意思。缊，旧絮，即旧丝棉。

②"不忮不求，何用不臧"：出自《诗经·邶风·雄雉》，意思是不妒忌，不贪求，有什么不好呢。忮，妒忌。臧，美好的。

译文

孔子说："穿着破旧的棉袍，同穿着狐裘皮袍的人站在一起，而不感到羞耻的，只有仲由吧！正如《诗经》所说：'不嫉妒，不贪求，有什么不好呢？'"子路于是常常诵读这两句诗。孔子说："只是做到这些，怎么能谈得上好呢？"

二十八

子曰："岁寒，然后知松柏之后凋也。"

译文

孔子说："只在严寒的冬天，才能知道松柏是最后凋谢的。"

二十九

子曰："知者不惑，仁者不忧，勇者不惧。"

译文

孔子说："聪明的人无困惑，仁爱的人无忧患，勇敢的人无所畏惧。"

三十

子曰："可与共学，未可与适道①；可与适道，未可与立；可与立，未可与权②。"

注释

①适道：归从道义。适，归向。

②权：权宜，变通。

译文

孔子说："有的人可以同他一道学习，却未必可以一同走向道；有的人可以同他一起走向道，却未必可以同他一起坚守道；同他一起坚守道，却未必可以同他一起通权达变。"

三十一

"唐棣[①]之华，偏其反而[②]，岂不尔思？室是远而。"子曰："未之思也，夫何远之有？"

注释

①唐棣：一种植物，蔷薇科，落叶灌木，又作"堂棣"或"棠棣"。

②偏其反而：形容花摇摆的样子。偏，通"翩"。飘扬的样子。

译文

"棠棣开花，随风摇摆。我难道不想念你吗？只是因为离家太远了。"孔子说："想必没有想念吧！若真想念的话，怎么会觉得遥远呢？"

乡党第十

一

孔子于乡党，恂恂[①]如也，似不能言者。

其在宗庙朝廷，便便[②]言，唯谨尔。

注释

①恂恂 xún：恭顺的样子。

②便便 pián：说话流畅的样子。

译文

孔子在故乡时，行为举止颇为恭顺，仿佛不善于说话的样子。

在宗庙、在朝廷，说话却清晰明白，他只不过是谨慎罢了。

二

朝，与下大夫言侃侃[①]如也；与上大夫言，訚訚[②]如也。君在，踧踖[③]如也，与与[④]如也。

注释

①侃侃：无拘无束、从容不迫的样子。

②訚訚 yín：和颜悦色而不苟同的样子。

③踧踖 cù jí：恭敬的样子。

④与与：威仪适度的样子。

译文

孔子在朝廷，与下大夫交谈时，从容不迫；与上大夫交谈时，正直恭敬。君王在朝廷时，敬畏谨慎，走路从容安详。

三

君召使摈[①]，色勃如[②]也，足躩如[③]也。揖所与立，左右手，衣前后，襜如[④]也。趋进，翼如也。宾退，必复命曰："宾不顾矣。"

注释

①摈 bìn：通"傧"。接待宾客。

②勃如：神色骤变的样子。这里指表情变得庄重。

③躩 jué 如：走路快速的样子。

④襜 chān 如：整齐的样子。

译文

君王召孔子去接待贵宾，孔子的表情立刻变得庄重起来，走路步伐加快，向两旁的人拱手作揖，衣裳前后飘动，却整齐不乱。他快步向前走，宛若鸟儿张开双翅那样。贵宾走后，他一定向君王禀报说："宾客已走远了。"

四

入公门，鞠躬如[①]也，如不容。

立不中门，行不履阈[②]。

过位，色勃如也，足躩如也，其言似不足者。

摄齐[③]升堂，鞠躬如也，屏[④]气似不息者。

出，降一等，逞颜色，怡怡如也。

没阶，趋进，翼如也。

复其位，踧踖如也。

注释

①鞠躬如：形容谨慎恭敬的样子。

②阈 yù：门槛。

③摄齐 zī：提起衣服下摆。摄，提起。齐，衣裳下摆。

④屏 bǐng：压抑呼吸。

译文

孔子入朝廷门一副恭敬谨慎之态，仿佛无容身之地。

孔子不站在门中间，进门时不踩门槛。

孔子走过君王的座位，表情变得恭敬而庄重，脚步加快，说话像底气不足。

他提起衣服的下摆上堂，显得恭谨，屏着气好像不能呼吸似的。

他走出来时下一级台阶表情放松了一些，表情舒展。

他下完台阶便加快步伐，仿佛鸟儿张开了双翅。

他回到自己的位置上又显现出恭敬而小心。

五

执圭[①]，鞠躬如也，如不胜[②]。上如揖，下如授。勃如战色，足蹜蹜[③]，如有循[④]。

享礼[⑤]，有容色。

私觌[⑥]，愉愉如也。

注释

①圭：一种上圆下方的玉器，古时举行典礼的时候，君臣都拿着圭。

②胜 shēng：担负。

③蹜蹜 sù：脚步细密的样子。

④循：沿着。

⑤享礼：享献礼。献礼，出使外国的使臣把带来的各种礼物摆满庭院的一种礼节。

⑥觌 dí：相见。

译文

孔子出访参加典礼时，拿着圭，神情恭敬，看上去力不胜任。他向上举像作揖，往下又如将圭交与别人。他表情庄重严肃，呈战战兢兢状，迈着细碎的步子，像在循着一条线走。

献礼时，神情与气色就变得和悦了。

私下同他国君臣会晤时，一副轻松愉快的样子。

六

君子不以绀緅饰[①]，红紫不以为亵服[②]。

当暑，袗絺绤[③]，必表而出之。

缁衣，羔裘；素衣，麑[④]裘；黄衣，狐裘。

亵裘长，短右袂[⑤]。

必有寝衣，长一身有半[⑥]。

狐貉之厚以居。

去丧，无所不佩。

非帷裳[⑦]，必杀[⑧]之。

羔裘玄冠不以吊[⑨]。

吉月[⑩]，必朝服而朝。

注释

①绀緅 gànzōu 饰：绀，青红色。緅，黑红色。饰，镶边。

②亵服：居家的便服。

③袗絺绤 zhěnchīxì：葛布做的单衣。袗，单，这里作动词。絺，细葛布。绤，粗葛布。

④麑 mí：小鹿。

⑤短右袂 mèi：右袖较短，做事会比较方便。袂，袖子。

⑥一身有半：上半身的一倍半。

⑦帷裳：礼服，上朝或祭祀时所穿，用整幅布做成。

⑧杀 shài：减少，裁去。

⑨吊：吊丧。

⑩吉日：每月初一。

译文

君子不用深青透红与黑中透红的布镶边，平常家里穿的便服不用红布与紫布来做。

夏天，穿葛布做的单衣，外出时将其套在外面。

黑罩衣配紫羔皮袍，白衣服配白色的小鹿皮袍，黄衣服配黄色狐皮袍。

平常在家穿的皮袄，比一般衣服长，右边的袖子要短些。睡觉时要着寝衣，为一身半长。

冬天的坐垫用厚狐貉皮做成。

办完丧事，可以配上各种玉器装饰。

凡不是上朝与祭祀时穿的礼服，一律裁边。

吊丧时不穿黑色羔羊皮袍，不戴黑色礼帽。

每月初一必须穿礼服去朝拜。

七

齐[①]，必有明衣[②]，布[③]。

齐必变食[④]，居必迁坐[⑤]。

注释

①齐 zhāi：同“斋”。

②明衣：古人在斋戒期间沐浴后所穿的浴衣。

③布：麻布。这里用作动词，指“用麻布做……”

④变食：变食的内容有三种说法：

第一种是不饮酒不吃有浑厚气味的蒜、韭、葱之类的蔬菜；

第二种是三餐都吃干净而新鲜的食物；

第三种是不喝酒不吃蒜、韭、葱之类，也不吃鱼肉。

⑤迁坐：迁出与妻妾同居的内室，不与妻妾同房。

译文

斋戒时沐浴要用浴衣，麻布做的即可。

斋戒时必须改变平日的饮食，居处要从内室迁到外室。

八

食不厌精，脍不厌细。

食饐而餲[①]，鱼馁而肉败[②]，不食。色恶，不食。臭恶，不食。失饪，不食。不时[③]，不食。割不正[④]，不食。不得其酱，不食。

肉虽多，不使胜食气[⑤]。

唯酒无量，不及乱[⑥]。

沽酒市脯，不食。

不撤姜食，不多食。

注释

①饐yì 而餲ài：食物因放久了而发臭。

饐，腐败发臭。餲，食物经久而变味。

②鱼馁而肉败：馁，鱼腐烂。败，肉腐烂。

③不时：不合时令。

④割不正：不按正确的方法割肉。

⑤气：通“饩”。粮食。

⑥乱：神志不清，指喝醉。

译文

粮食不厌舂得精，鱼肉不厌切得细。

食物发臭，鱼肉腐烂，都不吃；食物变色，不吃；食物气味难闻，不吃；食物烹饪得不好，不吃；不是当时节令的食物，不吃；肉割得不合规格，不吃；调味剂配得不当，不吃。

肉食虽多，但吃的量不得超过主食。

唯有酒不限量，但不可喝醉。

集市上买来的酒和肉干不吃。

饭吃完了，不撤姜食，但不要多吃。

九

祭于公，不宿肉①。祭肉不出三日。出三日，不食之矣。

注释

①宿肉：留肉过夜。这里的肉是天子诸侯行祭礼时用的肉。祭礼完成之后，有时天子诸侯会把这些肉按贵贱等级分别赐给助祭的大臣。因为这样的肉在未分赐之前，至少已经放了一两夜了，所以不能再放一夜。

译文

参加君王的祭祀，所分得的祭肉不可留着过夜。家中保存的祭肉也不得超过三天。祭肉过了三天，就不吃了。

十

食不语，寝不言。

译文

吃饭时不说话，睡觉时不言语。

十一

虽疏食菜羹，必祭，必齐如也。

译文

虽是粗糙的饭与菜汤，吃饭前也要祭奠先人，且心中要怀着斋戒般的敬意。

十二

席不正，不坐。

译文

坐席若摆放得不合礼制，则不坐。

十三

乡人饮酒，杖者[1]出，斯出矣。

注释

①杖者：指老年人。

译文

本乡人一起饮酒，待仪式完毕，等到老年人全部离席，自己再离席。

十四

乡人傩[①]，朝服而立于阼阶[②]。

注释

①傩 nuó：古代一种迎神驱鬼的仪式。

②阼 zuò 阶：东面的台阶。

译文

本乡人举行迎神驱鬼的仪式时，都要穿上朝服，站在东面的台阶上，以迎送他乡来客。

十五

问[①]人于他邦，再拜而送之。

注释

①问：问好。

古代向人问好时同时会送上礼物以表情意。

译文

托人向其他国家的朋友问好时，必向所委托的人拜两次，而后再送别。

十六

康子馈药，拜而受之，曰："丘未达[1]，不敢尝。"

注释

①达：通晓，了解。

译文

季康子送药，孔子拜谢后接受了药，说："我对这药的功效不了解，还不敢用。"

十七

厩焚。子退朝，曰："伤人乎？"不问马。

译文

马厩起火烧毁了，孔子退朝回来，便问："烧伤人没有？"他并不问马。

十八

君赐食，必正席先尝之。君赐腥，必熟而荐[1]之。君赐生，必畜之。

侍食于君，君祭，先饭。

注释

①荐：供奉。

译文

君王赐的食物，一定要摆正席位，恭敬地先尝一下。君王赐的生肉，一定要煮熟了，供奉祖先。君王赐的活物，一定将之饲养起来。

侍奉君王吃饭，君王祭祖时，要先尝一尝饭。

十九

疾，君视之，东首，加朝服，拖绅。

译文

孔子患病，君王来探望。孔子面朝东，身上盖着朝服，拖着束腰的大带子。

二十

君命召，不俟[1]驾行矣。

注释

①俟 sì：等待。

译文

君王召见孔子，不等备好马车，孔子就步行前往朝廷了。

二十一

入太庙，每事问。

译文

孔子进了周公庙，对每件事都要询问查考一番。

二十二

朋友死，无所归，曰：“于我殡。”

译文

朋友死了，无人办丧事。孔子说：“我来操办他的丧事吧。”

二十三

朋友之馈，虽车马，非祭肉，不拜。

译文

朋友给孔子的馈赠物品，只要不是祭肉，即便是车马，孔子接受时也不拜。

二十四

寝不尸，居不容。

译文

睡觉时不要直挺着身子，像个死尸；在家时，不必像在外参加祭祀那样，过于讲究礼仪。

二十五

见齐衰者，虽狎[①]，必变。见冕者与瞽者，虽亵[②]，必以貌。

凶服[③]者式[④]之。式负版[⑤]者。

有盛馔，必变色而作。

迅雷，风烈，必变。

注释

①狎 xiá：亲近。

②亵 xiè：亲近而不庄重。

③凶服：出殡时候穿的衣服。

④式：通“轼”。车前的横木。

⑤版：丧服的一种，背上多出一片。重孝的人穿。

译文

孔子看到穿孝服的人，即便是自己亲近的人，也必定严肃起来。看到戴礼帽的人与盲人，即便平时很熟，也必定显得有礼貌。

遇到送葬的人，即使是在车上，也得将身子微微向前俯在车前的横木上，以表同情。看见穿重孝的人，即使在车上，也会表示悲悯。

在盛大的筵席上，一定要改变面色，站起来以表恭敬。

遇到迅雷与大风，一定改变神色。

二十六

升车，必正立，执绥。

车中，不内顾①，不疾言②，不亲指。

注释

①内顾：回头看。

②疾言：高声说话。不高声说话，是怕马惊。

译文

孔子上车，一定站得很端正，而后手拉扶手上车。

孔子在车里不回头看，不高声说话，不用手指指划划。

二十七

色斯举矣，翔而后集。曰："山梁雌雉，时哉时哉！"子路共之①，三嗅②而作③。

注释

①共：同"拱"。拱手，表示恭敬。

②嗅：当作“狊 jù”。雄鸟伸长脖子叫。

③这段文字很令人费解，古往今来很多学者认为这段很可能有脱误。

我们这里的解释也只是翻译下大概的意思。详尽的意思，还需更专业的学者们来解决。

译文

野鸡看见行人脸色不善，便飞向天空，盘旋一阵后停在树上。孔子见了说：“山梁上的这些野鸡真识时务啊！真识时务啊！”子路向那些野鸡拱了拱手，它们便长叫了几声，而后飞了。

先进第十一

一

子曰："先进①于礼乐，野人②也；后进③于礼乐，君子④也。如用之，则吾从先进。"

注释

①先进：指先学习礼乐而后再做官的人。

②野人：指平民。

③后进：指先做官后学习礼乐的人。

④君子：这里指地位高的统治阶层。

译文

孔子说："先学习礼乐而后取得官位的，是既无爵位又无俸禄的平民；先有官位而后学习礼乐的是卿大夫等地位高的人。若由我选用人才的话，我就选先学习礼乐的人。"

二

子曰："从我于陈、蔡者，皆不及门①也。"

注释

①门：指施教授业者的门庭。

译文

孔子说："跟随我于陈、蔡两地饱受饥饿的人，现在都不在这里当我的弟子了。"

三

德行：颜渊、闵子骞、冉伯牛、仲弓。言语：宰我、子贡。政事：冉有、季路。文学：子游、子夏。

译文

孔子的弟子中德行高的有：颜渊、闵子骞、冉伯牛、仲弓。善于辞令的有：宰我、子贡。善于处理政事的有：冉有、季路。擅长诗书礼乐的有：子游、子夏。

四

子曰："回也，非助我者也，于吾言无所不说。"

译文

孔子说："颜回呀，他不是能帮助我的人，我讲的话他没有不喜欢的。"

五

子曰："孝哉闵子骞！人不间[1]于其父母昆弟[2]之言。"

注释

①间：挑剔。

②昆弟：兄弟。

译文

孔子说："闵子骞真重孝道啊！人们对其父母兄弟夸他的话没有任何可挑剔的。"

六

南容三复白圭[1]，孔子以其兄之子妻之。

注释

①白圭：出自《诗经·大雅·抑》篇的诗句："白圭之玷，尚可磨也；斯言之玷，不可为也。"意思是白圭的污点，可以磨掉；我们言行中的污点，却没有办法去掉。南容经常诵读此句，是个谨慎的人。

译文

南容反复朗诵《诗经》中有关白圭的诗句，以告诫自己要谨慎小心，孔子将哥哥的女儿嫁给了南容。

七

季康子问："弟子孰为好学？"孔子对曰："有颜回者好学，不幸短命死矣，今也则亡[①]。"

注释

①亡：通"无"。

译文

季康子问道："你的弟子中谁最为好学？"孔子回答说："有个叫做颜回的弟子最为好学，不幸的是短命而亡。现在没有了。"

八

颜渊死，颜路[①]请子之车以为之椁[②]。子曰："才不才，亦各言其子也。鲤[③]也死，有棺而无椁。吾不徒行以为之椁。以吾从大夫之后，不可徒行也。"

注释

①颜路：颜回的父亲，名繇，字路，也是孔子的学生。

②椁 guǒ：古代大棺材里面的一层叫棺，外面的一层叫椁。

③鲤：孔子的儿子，字伯鱼。

他五十岁去世时，孔子约七十岁。

译文

颜渊死后，其父颜路请求孔子将自己的车卖了，给颜渊买个椁。孔子说："不管有才能还是无才能，都是自己的儿子。我儿子孔鲤死了，有棺而无椁。我并没有为给儿子买椁而卖掉车，自己步行。我做了大夫之后，是不可步行的。"

九

颜渊死，子曰："噫！天丧予，天丧予！"

译文

颜渊死了，孔子说："唉，上天要我的命呀，上天要我的命呀！"

十

颜渊死，子哭之恸[①]。从者曰："子恸矣！"曰："有恸乎？非夫人[②]之为恸而谁为？"

注释

①恸：因过于悲痛而动容的样子。

②夫人：这样的人。

译文

颜渊死后孔子痛哭。身边的弟子说："老师，您太悲伤啦！"孔子说："太悲伤了吗？不为他那我为谁悲伤呀？"

十一

颜渊死，门人欲厚葬之，子曰："不可。"

门人厚葬之。子曰："回也视予犹父也，予不得视犹子也。非我也，夫二三子也。"①

注释

①孔子认为丧葬要根据家中的情况。颜回家中贫穷，而用厚葬，在孔子看来是不应该的。

在这里，孔子是在责备那些主持厚葬的学生。

译文

颜渊死后，孔子的弟子们想隆重安葬他。孔子说："不可以厚葬。"

弟子们还是隆重地安葬了颜渊。孔子说："颜回啊！你将我视为父亲一样对待，我却没有将你视作我的儿子那样看待。这样隆重地安葬你，不是我的本意，而是弟子们决意要这样做呀！"

十二

季路问事鬼神，子曰："未能事人，焉能事鬼？"

曰："敢问死。"曰："未知生，焉知死？"

译文

子路问如何侍奉鬼神。孔子说："未能侍奉人，又怎能侍奉鬼神呢？"

子路又问："斗胆问一问，死是怎么回事？"孔子说："连生的事都弄不清，怎能懂得死的事呢？"

十三

闵子侍侧，訚訚[1]如也；子路，行行[2]如也；冉有、子贡，侃侃如也。子乐。"若由[3]也，不得其死然"。

注释

①訚訚yín：和悦的样子。

②行行：刚强的样子。

③由：仲由，即子路。

译文

在孔子身边侍奉的闵子骞，一副和颜悦色的神态；子路一副刚毅的神情；冉有、子贡一副快乐温和的神情。孔子很高兴，不过又说："仲由这副样子，像是不得好死的样子。"

十四

鲁人[1]为长府。闵子骞曰："仍旧贯，如之何？何必改作？"子曰："夫人不言，言必有中。"

注释

①鲁人：这里指鲁国的执政大臣。

译文

鲁国的执政大臣要改建长府。闵子骞说："就照原来的样子又能怎么样？为何一定要改建呢？"孔子说："闵子骞平时不怎么爱说话，可一说话就说到点子上了。"

十五

子曰："由之瑟[①]奚为于丘之门？"门人不敬子路。子曰："由也升堂矣，未入于室也。"[②]

注释

①瑟：古代和琴相似的拨弦乐器。

②升堂入室：堂，正厅。室，内室。比喻做学问的阶段。

译文

孔子说："仲由弹瑟，为何到我这里弹呢？"弟子们听了，都小瞧子路。孔子说："仲由的学问已经很不错了，但尚未精深罢了。"

十六

子贡问："师与商也孰贤？"子曰："师也过，商也不及。"

曰："然则师愈与？"子曰："过犹不及。"

译文

子贡问："子张与子夏，哪一个更有才德？"孔子说："子张做事过头，子夏做事显得不足。"

子贡说："那么子张更有才德了？"孔子说："过头与不足一个样。"

十七

季氏富于周公，而求也为之聚敛而附益之。子曰："非吾徒也。小子鸣鼓而攻之可也。"

译文

季氏比周王朝的周公还富有，可冉求还帮他搜刮更多的钱财。孔子说："冉求已不是我的弟子了。弟子们，你们完全可以大造声势抨击指责他。"

十八

柴[①]也愚，参也鲁[②]，师也辟[③]，由也喭[④]。

注释

①柴：高柴，字子羔，孔子的学生。

②鲁：迟钝。

③辟 pì：狭隘，偏激。

④喭 yàn：通"谚"。传言。指仲由听孔子讲课就像

听传言，不进耳朵里去，比较浮躁，不踏实。

译文

高柴愚笨，曾参迟钝，颛孙师偏激，仲由浮躁。

十九

子曰："回也其庶①乎，屡空②。赐不受命③，而货殖焉，亿④则屡中。"

注释

①庶：庶几，差不多。

②空：贫穷，无物。

③命：这里指本分。

④亿：同"臆"。预测、估计。

译文

孔子说："颜回的德行算是不错了，可他常常陷于贫困。端木赐不安本分去经商，囤积货物以取利，预测行情则屡屡猜中。"

二十

子张问善人之道。子曰："不践迹，亦不入于室。"

译文

子张问有关善人之道。孔子说："善人不从众踩别人的足迹走，道德的修养也没有达到高深的程度。"

二十一

子曰："论笃是与[①]，君子者乎？色庄者乎？"

注释

①与：许，赞许。

译文

孔子说："称赞说话诚实的人，不过，要如何区分此种人是确确实实的君子，还是表面上假装庄重严肃的人呢？"

二十二

子路问："闻斯行诸？"子曰："有父兄在，如之何其闻斯行之！"

冉有问："闻斯行诸？"子曰："闻斯行之。"

公西华曰："由也问：'闻斯行诸？'子曰：'有父兄在。'求也问：'闻斯行诸？'子曰：'闻斯行之。'赤也惑，敢问。"子曰："求也退[①]，故进之；由也兼人[②]，故退之。"

注释

①退：迟缓，畏缩。

②兼人：这里指勇于作为。

译文

子路问："听到了就去做吗？"孔子说："有父兄在，怎么能听到就去做呢？"

冉有问："听到了就去做吗？"孔子说："听到就去做。"

公西华说："仲由问：'听到就去做吗？'您说：'有父兄在。'冉有问：'听到了就去做吗？'您说：'听到就去做。'我感到迷惑不解，大胆问一下。"孔子说："冉求做事退缩，所以我鼓励他向前；仲由胆大，敢于作为，所以我约束他。"

二十三

子畏于匡，颜渊后。子曰："吾以女①为死矣。"曰："子在，回何敢死？"

注释

①女：通"汝"。

译文

孔子于匡被拘禁，颜渊最后才赶到。孔子说："我以为你死了。"颜渊说："您还活着，颜回怎么敢死呢？"

二十四

季子然①问："仲由、冉求可谓大臣与？"子曰："吾以子②为异③之问，曾④由与求之问。所谓大臣者，以道事君，不可则止⑤。今由与求也，可谓具臣矣。"

曰："然则从[⑥]之者与？"子曰："弑[⑦]父与君，亦不从也。"

注释

①季子然：此人很可能是鲁国大夫季孙氏的同族。

②子：你。

③异：别人。

④曾：乃，竟。

⑤止：辞职。

⑥从：顺从，服从。

⑦弑：杀，古代多指以下杀上。

译文

季子然问："仲由与冉求能否称得上大臣呢？"孔子说："我以为你问的是别人，原来你问的竟是仲由和冉求。所谓大臣，应以道侍奉君王。做不到，则辞职。现在仲由和冉求二人，可以说是具备了这个条件。"

季子然又问："既如此，那他二人能服从你的话吗？"孔子说："杀父母和君王，他们是不会听从的。"

二十五

子路使子羔[①]为费宰。子曰："贼[②]夫人[③]之子。"

子路曰："有民人焉，有社稷焉，何必读书，然后为学？"

子曰："是故恶夫佞者[④]。"

注释

①子羔：即高柴，也称子高、子皋、季皋。

②贼：害，伤害。

③夫人：人家。夫，无实意。

④佞者：巧言谄媚的人。

译文

子路让子羔去费那个地方做官。孔子说：“这是害人家的儿子呀。”

子路说：“费那个地方有百姓，有土地与谷物，何必一定要读书才算做学问呢？”

孔子说：“所以我讨厌巧言善辩的人。”

二十六

子路、曾皙[①]、冉有、公西华侍坐。

子曰：“以[②]吾一日长乎尔，毋吾以[③]也。居则曰：‘不吾知也！’如或知尔，则何以哉？”

子路率尔[④]而对曰：“千乘之国，摄[⑤]乎大国之间，加之以师旅，因之以饥馑；由也为之，比及三年，可使有勇，且知方也。”

夫子哂[⑥]之。

“求，尔何如？”

对曰：“方六七十，如五六十，求也为之，比及三年，可使足民。如其礼乐，以俟君子。”

“赤，尔何如？”

对曰："非曰能之，愿学焉。宗庙之事，如会同，端章甫⑦，愿为小相⑧焉。"

"点，尔何如？"

鼓瑟希⑨，铿尔⑩，舍瑟而作⑪，对曰："异乎三子者之撰⑫。"

子曰："何伤乎？亦各言其志也。"

曰："莫春⑬者，春服既成，冠者五六人，童子六七人，浴乎沂⑭，风乎舞雩⑮，咏而归。"

夫子喟然叹曰："吾与点也！"

三子者出，曾皙后。曾皙曰："夫三子者之言何如？"

子曰："亦各言其志也已矣。"

曰："夫子何哂由也？"

曰："为国以礼，其言不让，是故哂之。"

"唯求则非邦也与？"

"安见方六七十如五六十而非邦也者？"

"唯赤则非邦也与？"

"宗庙会同，非诸侯而何？赤也为之小，孰能为之大？"

注释

①曾皙：名点，曾参的父亲，孔子的学生。

②以：因为。

③以：隐瞒，不说真话。

④率尔：轻率的样子。

⑤摄：接近，迫近。

⑥哂 shěn：微笑。带轻视意。

⑦端章甫：古代的礼服和礼帽。端是礼服，章甫是礼帽。

⑧相：司仪。

⑨希：慢慢停下。

⑩铿尔：郑重的样子。

⑪作：站起来。

⑫撰：讲述，编撰。

⑬莫春：春天快结束，接近夏天时。

⑭沂：水名，在山东邹城与曲阜之间。

⑮舞雩 yú：在今曲阜市南。

译文

子路、曾皙、冉有、公西华四人陪孔子坐着。

孔子说："因我比你们年高，你们不必顾虑不敢说真话。你们平常说：'没有人了解我呀！'如果有人了解你们并打算任用你们，那你们怎么办呢？"

子路忙答道："如果有一个千乘之国，夹在几个大国之间，外有强敌侵扰，国内饥荒连年，若让我去治理，三年之内，必让那里的百姓既有勇气，正直明道义。"

孔子对子路微微一笑。

孔子问："冉求，你如何？"

冉求答道："方圆六七十里或五六十里的小国，要我去治理的话，三年之内，可让那里的百姓丰衣足食。说到那个国家礼乐贯彻的程度，那就得等真正的君子去治理了。"

孔子又问："公西赤，你如何？"

公西赤答道："我不能说自己有什么本事，只是愿意学习罢了。祭祀时或诸侯会盟时，我穿着礼服，捧着玄瑞，戴着章甫礼帽，做一个主持赞礼与司仪的小官。"

孔子又问："曾点，你如何？"

此时曾皙慢慢停止弹瑟，他将瑟放下，郑重地站起来答道："我的志向与他们三位讲述的不同。"

孔子说："那有何妨碍？只是每人说说自己的志向而已。"

曾皙便说："暮春三月，春服在身，邀上五六个成人、六七个小孩，在沂水边洗脸洗手，在舞雩迎风吹一吹，而后唱着歌回来。"

孔子长叹一声，说："我赞赏曾点的想法！"

子路、冉有、公西华三人走了出去，曾皙最后离开。

曾皙问道："他们三位的话如何？"

孔子说："只不过是每人说了说自己的志向罢了。"

曾皙问："那您为什么笑仲由呢？"

孔子说："治理国家要讲求礼让，而仲由的话一点也不谦让，故此我笑他。"

曾皙又问："冉求谈的不是国家吗？"

孔子说："哪有方圆六七十里或五六十里的地盘能算上一个国家的呢？"

曾皙问："难道公西赤谈的不是国家吗？"

孔子说："设有祭祀的宗庙，又有诸侯间的会盟，不是诸侯国又是什么呢？公西赤若只想做主持赞礼与司仪的小司仪，那么，谁来做大司仪呢？"

颜渊第十二

一

颜渊问仁，子曰："克己复礼[①]为仁。一日克己复礼，天下归仁[②]焉。为仁由己，而由人乎哉？"

颜渊曰："请问其目[③]。"子曰："非礼勿视，非礼勿听，非礼勿言，非礼勿动。"

颜渊曰："回虽不敏，请事斯语矣。"

注释

①克己复礼：克制自己的言行，使言行符合礼的规范。克，克制。复，符合。

②归仁：把仁的名声给予某人。

③目：纲目，要点。

译文

颜渊问何为仁，孔子说："约束克制自己，要让自己的言行符合礼，这就是仁。一旦克己复礼，天下人就会给予你仁的名声。要实行仁，全在于自己，哪能由他人来决定呢？

颜渊说："请问实现仁的具体规定是什么？"孔子说："不

符合礼的东西不看，不符合礼的话不听，不符合礼的话不说，不符合礼的事不做。”

颜渊说：“颜回我虽然不才，但也要实践老师的这番话。”

二

仲弓问仁，子曰：“出门如见大宾，使民如承大祭。己所不欲，勿施于人。在邦[1]无怨，在家[2]无怨。”

仲弓曰：“雍虽不敏，请事斯语矣。”

注释

①邦：邦国，诸侯国。

②家：卿大夫之家。

译文

仲弓问何为仁，孔子说：“出门要像去会见贵宾一样庄重，使唤百姓要像承办大祭典一样严肃认真。自己所不喜欢的，切勿强加给他人。在国，在家都别让人怨恨。”

仲弓说：“冉雍我虽然迟钝，但也要实践老师的这番话。”

三

司马牛[1]问仁，子曰：“仁者，其言也讱[2]。”

曰：“其言也讱，斯谓之仁已乎？”子曰：“为之难，言之得无讱乎？”

注释

①司马牛：司马耕，字子牛，孔子的学生。

②讱rèn：说话谨慎。

译文

司马牛问何为仁，孔子说："仁人，说话小心谨慎。"

司马牛说："说话小心谨慎就是仁吗？"孔子说："做事难，说起来能不迟缓吗？"

四

司马牛问君子。子曰："君子不忧不惧。"

曰："不忧不惧，斯谓之君子已乎？"子曰："内省不疚，夫何忧何惧？"

译文

司马牛问何为君子，孔子说："君子不忧愁，不惧怕。"

司马牛说："不忧愁、不惧怕，就是君子了吗？"孔子说："自己问心无愧，那还有什么可忧愁惧怕的呢？"

五

司马牛忧曰："人皆有兄弟，我独亡。"子夏曰："商闻之矣：'死生有命，富贵在天。'君子敬而无失，与人恭而有礼。四海之内，皆兄弟也。君子何患乎无兄弟也？"

译文

司马牛忧伤地说："别人都有兄弟，唯独我没有。"子夏说："我听说：'死与生都是命运注定，富贵由上天决定。'君子做事严肃认真，没有失误，对别人既恭敬又有礼。如果这样做，那天下就到处都有你的兄弟了。作为君子，还愁没有兄弟吗？"

六

子张问明，子曰："浸润之谮[1]，肤受之愬[2]，不行焉，可谓明也已矣。浸润之谮，肤受之愬，不行焉，可谓远[3]也已矣。"

注释

①谮 zèn：诽谤，诬陷。

②愬 sù：同"诉"。诉讼。

③远：远见。

译文

子张问何为明事理，孔子说："像水一般暗中流传的谗言，切实遭受的诬告，都行不通，那就可以说你明事理了。像水一般暗中流传的诬陷之词，切实遭受的谗言，都行不通，那就可以说你很有远见了。"

七

子贡问政，子曰："足食，足兵，民信之矣。"

子贡曰："必不得已而去，于斯三者何先？"曰："去兵。"

子贡曰："必不得已而去，于斯二者何先？"曰："去食。自古皆有死，民无信不立。"

译文

子贡问如何处理政务，孔子说："粮食充足，军备充足，百姓对执政者保持信任。"

子贡说："假若迫不得已，在粮食、军备和百姓对执政者的信任这三者中去一项，那么先去掉哪一项呢？"孔子说："先去掉军备这一项。"

子贡说："假若迫不得已，在粮食与百姓对执政者的信任这两项中去掉一项，那么先去掉哪一项呢？"孔子说："先去掉粮食这一项。自古以来没有不死的人，假若百姓对执政者失去信任，那执政者就站不住脚了。"

八

棘子成[①]曰："君子质而已矣，何以文为？"子贡曰："惜乎，夫子之说君子也！驷[②]不及舌。文犹[③]质也，质犹文也。虎豹之鞟[④]犹犬羊之鞟。"

注释

①棘子成：卫国大夫。

②驷：四匹马。

③犹：像，等于。

④鞟 guǒ：没有去毛的皮。

译文

棘子成说："君子只要本质好就行了，要礼乐文采有何用？"子贡说："真遗憾啊，先生您竟这样来谈及君子！您方才口中的失言，即使四匹马也追不回来啦！文采就像本质，本质就像文采，二者都同样重要。这正如去了毛的虎豹皮与去了毛的犬羊皮没什么差别一样。"

九

哀公问于有若[①]曰："年饥，用不足，如之何？"

有若对曰："盍[②]彻[③]乎？"

曰："二，吾犹不足，如之何其彻也？"

对曰："百姓足，君孰与不足？百姓不足，君孰与足？"

注释

①有若：即有子，孔子的学生。

②盍 hé：为什么不。

③彻：西周的一种田税制度，从耕地中抽取十分之一作田税。

译文

鲁哀公问有若："如若遇到饥荒，国用不足，如何办？"

有若说："为何不实行十成抽一的田税制呢？"

鲁哀公说："十成抽二，我都感到不足，怎么能实行十成抽一的田税制呢？"有若说："百姓充足了，您能不足吗？百姓若不充足，您怎么能充足呢？"

十

子张问崇德、辨惑。子曰："主忠信，徙[①]义，崇德也。爱之欲其生，恶之欲其死。既欲其生，又欲其死，是惑也。'诚不以富[②]，亦只以异。'"

注释

①徙：从，追随。

②富：好处，益处。

译文

子张问有关崇尚德行和辨别是非的问题。孔子说："主张忠实信义，即为崇尚德行了。喜欢一个人，希望他长寿；对此人厌恶时，又希望他马上死掉。既希望他长寿，又恨不得马上要他死，这就是是非不辨了。此种做法，正如《诗经》中所说的：'于己实无补益，他人甚觉怪异。'"

十一

齐景公问政于孔子。孔子对曰："君君，臣臣，父父，子子。"公曰："善哉！信如君不君，臣不臣，父不父，子不子，虽有粟，吾得而食诸？"

译文

齐景公向孔子问有关治理国家的事。孔子说："君王要像个做君王的，臣子要像个做臣子的，父亲要像个做父亲的，儿子要像个做儿子的。"齐景公说："好极啦！假如君王不像个做君王的，臣子不像个做臣子的，父亲不像个做父亲的，儿子不像个做儿子的，即便粮食很多，我能吃得到吗？"

十二

子曰："片言可以折狱[①]者，其由也与！"

子路无宿诺[②]。

注释

①折狱：判决诉讼案件。

②宿诺：未及时兑现的诺言。

译文

孔子说："仅依据一方面的说法就可以断案的，大概只有仲由吧！"

子路履行诺言从不拖延。

十三

子曰："听讼[①]，吾犹人也，必也使无讼乎！"

注释

①听讼：审理诉讼。孔子曾为治理刑事的大司寇，这句话应是针对他当时的工作所说的。

译文

孔子说："审理诉讼案件，我同别人一样，必定是使诉讼之事一个也没有才好啊！"

十四

子张问政，子曰："居之无倦，行之以忠。"

译文

子张问如何从政，孔子说："身居官位，不懈怠，不厌倦，实行政令须忠心不渝。"

十五

子曰："博学于文，约之以礼，亦可以弗畔矣夫！"

译文

孔子说："学习广博的知识学问，以礼来约束自己的言行，这样就可以不违背君子之道了。”

十六

子曰：“君子成人之美，不成人之恶。小人反是。”

译文

孔子说：“君子成全他人之美，而不成全他人之恶。小人则恰恰相反。”

十七

季康子问政于孔子，孔子对曰：“政者，正也。子帅[①]以正，孰敢不正？”

注释

①帅：表率，带领。

译文

季康子向孔子请教政事。孔子说：“‘政’这个字即正直之意。您自已带头正直了，谁敢不正直呢？”

十八

季康子患盗，问于孔子。孔子对曰：“苟子之不欲，虽赏之，不窃。”

译文

季康子对盗贼的猖獗甚为忧患，于是向孔子请教有何办法。孔子回答说：“假如你自己不贪求钱财，即便让他们去偷盗，给他们奖赏他们也不会去。”

十九

季康子[①]问政于孔子曰：“如杀无道，以就有道，何如？”孔子对曰：“子为政，焉用杀？子欲善，而民善矣。君子之德风，小人之德草。草上之风，必偃[②]。”

注释

①季康子：季孙肥。

②偃 yǎn：倒下。

译文

季康子向孔子请教政事，说：“杀死无道的坏人以成就有道的好人，怎么样呢？”孔子回答说：“你治理政事，何必杀人呢？只要你想从善，天下百姓就会从善。君子的德行若风，百姓的德行若草，风从草上掠过，草随风倒。”

二十

子张问：“士何如斯可谓之达矣？”子曰：“何哉，尔所谓达者？”子张对曰：“在邦必闻，在家必闻。”子曰：“是闻也，非达也。夫达也者，质直而好义，察言而观色，虑以下人。在邦必达，在家必达。夫闻也者，色取仁而行违，居之不疑。在邦必闻，在家必闻。”

译文

子张问：“读书人如何做才能通达呢？”孔子说：“你所说的通达是指什么？”子张说：“所谓通达，就是指在国做官一定有名声，做大夫的家臣也要有名气。”孔子说：“这是有名气，却不是通达。所谓通达，即指质朴正直，尊崇道义，善于观察对方言词脸色，以揣测对方的心思，情愿甘居人下，以示谦恭。这种人在国必定通达，做大夫的家臣必定通达。谈到名气，外表上看具有仁德，可行为举止却与仁德相违。自己以仁人自居却丝毫不加疑惑。这种人在国做官必能享有名气，做大夫的家臣也能享有名气。”

二十一

樊迟游于舞雩之下，曰：“敢问崇德，修慝[1]，辨惑。”子曰：“善哉问！先事后得，非崇德与？攻其恶，无攻人之恶，非修慝与？一朝之忿，忘其身，以及其亲，非惑与？”

注释

①慝 tè：邪恶的念头。

译文

樊迟随孔子出游于舞雩台下，问孔子：“斗胆问一下，如何增强道德，修正邪恶的想法，辨别是非？”孔子说：“问得好极啦！干事在前，得利在后，这不是增强道德吗？指责自己的缺点，而不去指责他人的缺点，这不就是消除邪念吗？不忍一时的气愤，竟忘了自己的安危，甚而祸及亲人，这不是糊涂吗？”

二十二

樊迟问仁，子曰：“爱人。”问知，子曰：“知人。”

樊迟未达。子曰：“举直错诸枉，能使枉者直。”

樊迟退，见子夏曰：“乡[①]也吾见于夫子而问知，子曰：‘举直错诸枉，能使枉者直。’何谓也？”

子夏曰：“富哉言乎！舜有天下，选于众，举皋陶[②]，不仁者远[③]矣。汤[④]有天下，选于众，举伊尹[⑤]，不仁者远矣。”

注释

①乡：同“向”。刚才。

②皋陶 gāoyáo：舜的大臣。

③远：远离。

④汤：商朝的开国之君，名履。

⑤伊尹：汤的辅相。

译文

樊迟问何为仁，孔子说：“爱人。”

樊迟又问何为智，孔子说：“善于鉴别人的好坏。”

樊迟没有想通这番话。孔子便说：“把正直的人提拔出来，使他们的地位在邪恶的人之上，这就能使邪恶的人正直起来。”

樊迟退出来，见到子夏说："刚才我见到老师，问什么是智，老师说：'提拔那些正直的人并使他们在邪恶的人之上，这就能使邪恶的人正直起来。'这话是什么意思？"

子夏："这话的含义多么深刻啊！舜有了天下，在众人中挑选了一个皋陶来任用，那些不仁的人也就远离了。汤有了天下，在众人中挑选了一个伊尹来举用，那些不仁的人也就远离了。"

二十三

子贡问友。子曰："忠告而善道[①]之，不可则止，毋自辱焉。"

注释

①道：引导。

译文

子贡问如何交友，孔子说："给朋友以忠告，很好地引导他，他若不听从，则停止忠告与引导，切勿自寻侮辱。"

二十四

曾子曰："君子以文会友，以友辅仁。"

译文

曾子说："君子凭文章与学识来结交朋友，靠与朋友的交往来辅助仁德的确立。"

子路第十三

一

子路问政，子曰："先之劳之。"请益。曰："无倦。"

译文

子路问如何处理政事。孔子说："自己先带头做出样子，而后让百姓踏实劳作。"子路请求孔子再讲充实一些，孔子说："不倦怠就行了。"

二

仲弓为季氏宰，问政。子曰："先有司，赦小过，举贤才。"

曰："焉知贤才而举之？"子曰："举尔所知，尔所不知，人其舍诸？"

译文

仲弓做季氏的家臣，他向孔子请教政事。孔子说："给下属主管做出榜样，宽恕别人的小过失，荐举有才德的人。"

仲弓说："怎能知道谁是有才德的人进而荐举他呢？"孔子说："荐举你所了解的人，而那些你不了解的人，莫非别人就把他们给舍弃了？"

三

子路曰："卫君[①]待子而为政，子将奚先？"

子曰："必也正名[②]乎！"

子路曰："有是哉，子之迂[③]也！奚其正？"

子曰："野[④]哉，由也！君子于其所不知，盖阙如也。名不正，则言不顺；言不顺，则事不成；事不成，则礼乐不兴；礼乐不兴，则刑罚不中；刑罚不中，则民无所错[⑤]手足。故君子名之必可言也，言之必可行也。君子于其言，无所苟[⑥]而已矣。"

注释

①卫君：卫出公。

②正名：纠正礼制、名分上的用词不当。

③迂：不切实际。

④野：粗野，浅薄。

⑤错：通"厝"。安置。

⑥苟：随便。

译文

子路说："卫君等待老师您去处理政事，您准备从何做起？"

孔子说："必须先正名啊！"

子路说："有这个必要吗？您怎么这么迂腐到啊！为何要

去正名呢？”

孔子说：“你真粗野！仲由啊，君子对自己所不懂的事，大约都取存疑的态度。名分不正，说话就不顺畅；说话不顺畅，办事就难以成功；事情不成功，礼乐制度就无法兴起；礼乐制度无法兴起，刑罚就不会得当；刑罚不得当，百姓就会连手脚都不知如何摆弄。故而，君子所确定的名分，一定要说清楚，说清楚了一定要行得通。君子对自己说过的每句话，不能有一点马虎啊。”

四

樊迟请学稼[①]。子曰：“吾不如老农。”请学为圃[②]，曰：“吾不如老圃。”

樊迟出。子曰：“小人哉，樊迟也！上好礼，则民莫敢不敬；上好义，则民莫敢不服；上好信，则民莫敢不用情。夫如是，则四方之民襁负[③]其子而至矣，焉用稼？”

注释

①稼：种植庄稼。

②圃：种菜。后面孔子回答说：“吾不如老圃。”这里的“圃”，指种植园圃的人。

③负：背负，背着。

译文

樊迟向孔子请教种庄稼的事。孔子说：“我不如老农。”樊迟又请教种菜的事，孔子说：“我不如老菜农。”樊迟退出。

孔子说："樊迟真是个小人啊！当权者若奉行礼，百姓无人敢不尊敬；当权者若实行义，百姓无人敢不驯服；当权者若讲信用，百姓无人敢不讲真话。若如此，天下百姓会背着他们幼小的儿女来投奔，还用得着自己去种庄稼？"

五

子曰："诵《诗》三百，授之以政，不达；使于四方，不能专对①；虽多，亦奚以为②？"

注释

①专对：古代的使节接受使命去与他国交涉应对，不能事先准备好一切，也不能事事请示，只能随机应变，独立行事，这就是"专对"。而春秋时代的外交场合，多半以背诵诗篇来代替直接的唇枪舌剑，所以《诗经》被认为是外交人才的必读书。

②亦奚以为：有什么用处呢。以，用。为，表示疑问语气，但只跟"奚""何"等字连用。

译文

孔子说："熟读了《诗经》三百篇，让他去处理政务，他却办不到位；让他出使外国，他又不能独立应对，这书读得再多，又有何用处呢？"

六

子曰："其身正，不令而行；其身不正，虽令不从。"

译文

孔子说："当权者本人行为正派，即使不下达命令，百姓也会正确行令；当权者本人行为不正，即使下达命令，百姓也会不端，不予服从。"

七

子曰："鲁、卫之政，兄弟也。"

译文

孔子说："鲁国与卫国的政事，如若兄弟一般。"

八

子谓卫公子荆①："善居室②。始有，曰：'苟③合矣。'少有，曰：'苟完矣。'富有，曰：'苟美矣。'"

注释

①公子荆：卫献公的儿子，是卫国大夫，名荆，字南楚。

②居室：居家度日。

③苟：将就，接近。

译文

孔子谈到卫国的公子荆时，说："他善于持家过日子。刚开始有些财产时，他说：'将就差不多够了。'稍丰富些时，他说：'接近完备了。'富有时，他说：'接近完美了。'"

九

子适卫，冉有仆。子曰："庶[①]矣哉！"
冉有曰："既庶矣，又何加焉？"曰："富之。"
曰："既富矣，又何加焉？"曰："教之。"

注释

①庶：众多。

译文

孔子到卫国去，冉有给他驾车。孔子说："卫国的人真多呀！"

冉有说："人多了，又该做什么呢？"孔子说："要让他们富裕。"

冉有又说："富裕之后，又该做什么呢？"孔子说："要让他们受教育。"

十

子曰："苟有用我者，期月[①]而已可也，三年有成。"

注释

①期 jī 月：一个月。期，同“朞”。

译文

孔子说：“假若有人用我来治理国家，一个月初见成效，三年便可大见成效。”

十一

子曰：“‘善人为邦百年，亦可以胜[1]残去杀矣’。诚哉是言也！”

注释

①胜：战胜，克服。

译文

孔子说：“‘完善的人治理国家一百年，就可以战胜残暴，避免杀戮了。’这句话的确正确呀！”

十二

子曰：“如有王者，必世而后仁。”

译文

孔子说：“纵然有一位贤明的君王，必须用三十年方能实现仁政。”

十三

子曰：“苟正其身矣，于从政乎何有？不能正其身，如正人何？”

译文

孔子说：“假若能使自己行为正派，那么处理政事又能有何困难呢？如若不能使自己行为正派，那又怎能使他人行为端正呢？”

十四

冉子退朝。子曰：“何晏①也？”对曰：“有政。”子曰：“其事也。如有政，虽不吾以②，吾其与闻之。”

注释

①晏：迟，晚。

②吾以：用我。以，用。

译文

冉有从季氏府退朝回来。孔子问：“为何回来得这么晚？”冉有回答说：“有政事商讨。”孔子说：“那只是事务。如有重要政务，虽不任用我，我也会知道的。”

十五

定公问："一言可以兴邦，有诸？"

孔子对曰："言不可以若是其几也。人之言曰：'为君难，为臣不易。'如知为君之难也，不几乎一言而兴邦乎？"

曰："一言而丧邦，有诸？"

孔子对曰："言不可以若是其几也。人之言曰：'予无乐乎为君，唯其言而莫予违也。'如其善而莫之违也，不亦善乎？如不善而莫之违也，不几乎一言而丧邦乎？"

译文

定公问："一句话就可以使国家兴旺，有这种事吗？"

孔子回答说："这话倒是不能这么说，不过，也有同这句话意思差不多的话。有的人说：'做君王难，做臣子也不易。'如若知道做君王难，这也就是几乎一句话就可以使国家兴旺了嘛！"

定公又问："一句话就可以使国家灭亡，有这种事吗？"

孔子回答说："这话倒是不能这么说，不过，也有同这句话类似的话。有的人说：'我做君王并没有感受到什么快乐，唯有一点，那就是我说任何话都没人敢违抗。'如若他的话正确，而没人违抗，这不是好事吗？如若他的话不正确，而又没人敢违抗，这不就几乎是一句话可以使国家灭亡吗？"

十六

叶公问政，子曰："近者说，远者来。"

译文

叶公问如何治理政事。孔子说："让离你近的人高兴，让离你远的人都来投奔你。"

十七

子夏为莒父[①]宰，问政。子曰："无欲速，无见小利。欲速则不达；见小利则大事不成。"

注释

①莒父：地名，在今山东高密市。

译文

子夏做了莒父这个地方的官，他问如何处理政事。孔子说："不要一味求快，不要贪小利。急于求快，反而达不到目的；贪求小利，则做不成大事。"

十八

叶公语孔子曰："吾党有直躬[①]者，其父攘[②]羊，而子证之。"孔子曰："吾党之直者异于是。父为子隐[③]，子为父隐。直在其中矣。"

注释

①直躬：以直道立身，这里指坦白直爽。直，不弯曲。躬，身体。也有人认为这里的直躬是个人名。

②攘：偷窃。

③隐：隐瞒。

译文

叶公告诉孔子说："我家乡有个坦言直爽的人，其父偷了羊，他出来告发。"孔子说："我家乡坦言直爽的人同你们那里的不一样。父亲隐瞒儿子的坏事，儿子隐瞒父亲的坏事。我们那里的坦言直爽就全在这里了。"

十九

樊迟问仁。子曰："居处恭，执事敬，与人忠。虽之夷狄[①]，不可弃也。"

注释

①夷狄：古代对东方与北方的少数民族的称呼。

译文

樊迟问何为仁。孔子说："平时在家庄重而严肃，办事认真严肃，对待他人诚实。即便到了少数民族国家，以上三点也不可背弃。"

二十

子贡问曰："何如斯可谓之士矣？"子曰："行己有耻，使于四方，不辱君命，可谓士矣。"

曰："敢问其次。"曰："宗族称孝焉，乡党称弟焉。"

曰："敢问其次。"曰："言必信，行必果，硁硁然[①]小人哉！抑亦可以为次矣。"

曰："今之从政者何如？"子曰："噫！斗筲之人[②]，何足算也！"

注释

①硁硁 kēng：象声词，砸石头的声音。这里形容固执、实在。

②斗筲 shāo 之人：度量和见识狭小的人。斗，古代计量单位。筲，古代的饭筐。

译文

子贡问："怎样才算士？"孔子说："用羞耻心衡量自己的行为；出使外国能圆满完成君王的使命，这样就可称作士了。"

子贡又问："斗胆问一下次一等的。"

孔子说："宗族称赞他孝顺，家乡人称赞他敬兄爱弟。"

子贡又问："斗胆问一下再次一等的。"

孔子说："说话必须讲信用，办事必须果断，此为浅见固执的小人啊！不过，也可算是再次一等的士了。"

子贡问："现在从政的人怎样？"孔子说："唉！器量狭小的人，哪里谈得上是士呢！"

二十一

子曰："不得中行而与之，必也狂狷[1]乎！狂者进取，狷者有所不为也。"

注释

①狂：狂放，激进。狷：耿直，固执。

译文

孔子说："发现不了符合中庸之道的人与自己交往，就必然结交言行激进的人与正直无邪的人。激进的人追求进取，正直无邪的人不干恶事坏事。"

二十二

子曰："南人有言曰：'人而无恒，不可以作巫医[1]。'善夫！"

"不恒其德，或承之羞。"[2]子曰："不占而已矣。"

注释

①巫医：以祈祷禳灾的方式替人治病的人。

②不恒其德，或承之羞：这是《易经·恒卦》的爻辞。恒，这里指意志坚定，有恒心。

译文

孔子说:“南方人有句话说:‘人若没有恒心,不可做巫医。’此话说得多好啊!”

《易经》上说:“不坚守德操,总要承受耻辱。”孔子说:“这就是要那些无恒心的不要去占卜了。”

二十三

子曰:“君子和[1]而不同[2],小人同而不和。”

注释

①和:和谐,融洽。

②同:苟同,附和。

译文

孔子说:“君子彼此和谐相处,却不苟同人云亦云,小人则盲目附和人云亦云,却不和谐。”

二十四

子贡问曰:“乡人皆好之,何如?”子曰:“未可也。”“乡人皆恶之,何如?”子曰:“未可也。不如乡人之善者好之,其不善者恶之。”

译文

子贡问道:“乡人都喜欢的,这人您觉得如何?”孔子说:

“还不是最好的人。”

子贡又问道：“乡人都讨厌的，这人您觉得如何？”孔子说：“还不是最坏的人。最好的人是乡里好人都喜欢的人，也是乡里所有坏人憎恶的人。”

二十五

子曰：“君子易事而难说也。说之不以道，不说也；及其使人也，器之。小人难事而易说也。说之虽不以道，说也；及其使人也，求备焉。”

译文

孔子说：“君子做事容易，而让他高兴是件难事。不经过正当的途径让他高兴，他是不会高兴的。待到他使用人的时候，他则会量才用人。小人做事难，而讨他高兴却容易。不经过正当的途径让他高兴，他也会高兴。待到他使用人的时候，他会求全责备。”

二十六

子曰：“君子泰①而不骄②，小人骄而不泰。”

注释

①泰：泰然，安定。

②骄：自大，自满。

译文

孔子说："君子泰然处事，安定不骄躁；小人骄而自大，不能泰然处事接物。"

二十七

子曰："刚、毅、木、讷近仁。"

译文

孔子说："刚强、坚毅、质朴、说话谨慎，这近于仁。"

二十八

子路问曰："何如斯可谓之士矣？"子曰："切切偲偲①，怡怡②如也，可谓士矣。朋友切切偲偲，兄弟怡怡。"

注释

①切切偲偲 sī：互相批评勉励的样子。

②怡怡：和睦的样子。

译文

子路问道："如何做才能称得上士呢？"孔子说："相互批评勉励却又和睦相处，就可以称作士了。朋友间相互批评勉励，又和气共处。兄弟之间和和气气。"

二十九

子曰："善人教民七年，亦可以即戎[①]矣。"

注释

①即戎：去打仗。即，去。戎，兵戎，指打仗。

译文

孔子说："善人教育百姓七年，就可让他们去打仗了。"

三十

子曰："以不教民战，是谓弃之。"

译文

孔子说："让未经过训练的百姓去打仗，就是让他们去送死。"

宪问第十四

一

宪问耻。子曰:“邦有道，谷;邦无道，谷，耻也。”

“克、伐、怨、欲，不行焉，可以为仁矣？”子曰:“可以为难矣，仁则吾不知也。”

译文

原宪问何为耻辱。孔子说:“国家有道,做官的应领取俸禄;国家无道，做官的也领取俸禄，就是耻辱。”

原宪又问道:“好胜、夸耀、怨恨与贪欲这四种恶习都没有，可以算得上仁吗？”孔子说:“可以算得上难能可贵了。是否为仁，我就不知道了。”

二

子曰:“士而怀居[1]，不足以为士矣。”

注释

①怀居：留恋安逸的家庭。

译文

孔子说："读书人若留恋舒适的家庭生活，就不足以称作读书人了。"

三

子曰："邦有道，危[1]言危行；邦无道，危行言孙[2]。"

注释

①危：正直。

②孙：同"逊"。谨慎。

译文

孔子说："国家有道，则言语与行为都正直；国家无道，则行为正直，言语谨慎。"

四

子曰："有德者必有言，有言者不必有德。仁者必有勇，勇者不必有仁。"

译文

孔子说："有道德的人必定有好言论，有好言论的人不一定就有道德。仁人必定勇敢，勇敢的人不一定仁德。"

五

南宫适[1]问孔子曰："羿[2]善射，奡[3]荡舟，俱不得其死然。禹、稷躬稼而有天下。"夫子不答。

南宫适出，子曰："君子哉若人！尚德哉若人！"

注释

①南宫适 kuò：即孔子的学生南容。

②羿 yì：这里指的是夏代有穷国的君主羿。

③奡 ào：古代传说中的人物。

夏代寒浞的儿子，相传是个大力士。

译文

南宫适问孔子："羿善于射箭，奡善于水战，但都没得好死。禹和稷亲自种庄稼，二人都得到了天下。"孔子没有作答。

南宫适退去后，孔子说："这个人真的是个君子呀！这个人是个崇尚道德的人！"

六

子曰："君子而不仁者有矣夫，未有小人而仁者也。"

译文

孔子说："君子中有不仁义的人，而没有小人是会有仁德的。"

七

子曰："爱之，能勿劳乎？忠焉，能勿诲乎？"

译文

孔子说："爱他，能不让他劳苦吗？忠于他，能不教诲他吗？"

八

子曰："为命，裨谌①草创之，世叔②讨论之，行人③子羽④修饰之，东里⑤子产⑥润色之。"

注释

①裨谌 bìchén：郑国大夫。

②世叔：名游吉，郑国大夫。

③行人：古代的外交官。

④子羽：公孙挥，郑国外交官。

⑤东里：地名，在今郑州市。

⑥子产：郑国大夫。

译文

孔子说："郑国制定外交辞令，由裨谌起草，世叔提出意见，而后经外交官子羽修改，最后由子产作文字上的修润。"

九

或问子产。子曰："惠人也。"

问子西[①]。曰："彼哉！彼哉！"

问管仲。曰："人也。夺伯氏[②]骈邑[③]三百，饭疏食，没齿[④]无怨言。"

注释

①子西：公孙夏，主持郑国政务的大臣。

②伯氏：齐国的大夫，名偃。

③骈邑：地方，在今山东临朐县。

④没齿：终身。

译文

有人问子产是什么样的人，孔子说："他是位仁慈的人。"

又问子西是什么样的人，孔子说："他呀！他呀！"

又问管仲是什么样的人，孔子说："他是人才呀！他剥夺了伯氏骈邑三百户的封地，使伯氏终生吃粗粮，可伯氏直到死也没有怨言。"

十

子曰："贫而无怨难，富而无骄易。"

译文

孔子说："贫穷时无怨言，这很难办到；富贵时不骄傲，这容易做到。"

十一

子曰："孟公绰[①]为赵、魏老[②]则优，不可以为滕、薛[③]大夫。"

注释

①孟公绰：鲁国大夫。

②老：古代大夫的家臣，又称"室老"。

③滕薛：春秋时的小国，在鲁国附近。

译文

孔子说："让孟公绰做晋国大夫赵氏、魏氏的家臣，那他的能力绰绰有余，但不可让他做滕国与薛国的大夫。"

十二

子路问成人[①]。子曰："若臧武仲[②]之知，公绰之不欲，卞庄子[③]之勇，冉求之艺，文之以礼乐，亦可以为成人矣。"曰："今之成人者何必然？见利思义，见危授命，久要[④]不忘平生之言，亦可以为成人矣。"

注释

①成人：人格完美完备的人。

②臧武仲：即鲁大夫臧孙纥。

③卞庄子：鲁国的勇士。

④要 yuē：通“约”。穷困。

译文

子路问如何才算完美的人。孔子说：“若能像臧武仲那样清心寡欲，像孟公绰那样聪慧过人，像卞庄子那样勇敢，像冉求那样多才多艺，再加上用礼乐熏陶出的文采，那么，也就可以成为完美的人了。”又说：“当今完美的人何必一定要这样呢？只要见到利就能想到义，遇到危险能献出生命，长期贫穷而不忘平生的誓言，也就可以算是成人了。”

十三

子问公叔文子[①]于公明贾[②]曰：“信乎？夫子不言、不笑，不取乎？”

公明贾对曰：“以[③]告者过也。夫子时然后言，人不厌其言；乐然后笑，人不厌其笑；义然后取，人不厌其取。”

子曰：“其然？岂其然乎？”

注释

①公叔文子：卫国大夫公孙拔，卫献公的孙子。

②公明贾：卫国人，姓公明，名贾。

③以：这，此。

译文

孔子向公明贾问到公叔文子说："他老人家不说、不笑、不取，是真的吗？"

公明贾回答说："告诉你的人说得过分了。他老人家该说话时才说，故此，别人不讨厌他说的话；高兴了才笑，故此，别人不讨厌他的笑；该取的时候才取，故此，别人不讨厌他取。"

孔子说："是这样吗？难道真的是这样吗？"

十四

子曰："臧武仲以防①求为后于鲁，虽曰不要②君，吾不信也。"

注释

①防：臧武仲的封地，在今山东费县东。

②要：要挟。

译文

孔子说："臧武仲凭借自己的封地防向鲁国君王请求立他的子弟为鲁国的卿大夫，尽管有人说他不是要挟君王，可我不相信。"

十五

子曰："晋文公[①]谲[②]而不正，齐桓公[③]正而不谲。"

注释

①晋文公：名重耳，是春秋五霸之一。

②谲 jué：欺诈。

③齐桓公：名小白，他和晋文公是春秋五霸中有名的霸主。

译文

孔子说："晋文公诡诈，不正派；齐桓公正派，不诡诈。"

十六

子路曰："桓公杀公子纠[①]，召忽[②]死之，管仲不死。"曰："未仁乎？"

子曰："桓公九合[③]诸侯，不以兵车，管仲之力也。如其仁！如其仁！"

注释

①公子纠：齐桓公小白的哥哥，两人都是齐襄公的弟弟。齐襄公死后，两人争夺君位。齐桓公在争夺中获胜后逼收留公子纠的鲁国杀了他。

②召忽：春秋时齐国人，公子纠的门人。

③九合：多次召集。九，在这里是虚数。

译文

子路说："齐桓公杀了他哥哥公子纠，纠的家臣召忽因此自杀，而纠的另一位家臣管仲却没有死。"子路又说："管仲应说是不仁吧？"孔子说："齐桓公多次召集诸侯共商会盟，而不诉诸武力。这全是管仲的功劳啊。这就是管仲的仁了！这就是管仲的仁了！"

十七

子贡曰："管仲非仁者与？桓公杀公子纠，不能死，又相之。"子曰："管仲相桓公，霸诸侯，一匡天下，民到于今受其赐。微①管仲，吾其被②发左衽矣。岂若匹夫匹妇之为谅也，自经③于沟渎④而莫之知也？"

注释

①微：假若没有。

②被：同"披"。

③自经：自缢，上吊自杀。

④沟渎：沟渠。

译文

子贡说："管仲不是仁人吧？齐桓公杀了公子纠，管仲不但不为纠去死，反而辅佐了齐桓公，孔子说："管仲辅佐齐桓公，称霸诸侯，匡正了天下，直到今天百姓仍享受着他赐予的恩惠。若没有管仲，我们会披散着头发，左襟朝左边开，像落后地方的那些人一样。莫非要他像普通男女那样守着小节小信，自杀于沟渠之中而无人知道吗？"

十八

公叔文子之臣大夫异与文子同升诸[1]公。子闻之，曰："可以为'文'矣。"

注释

①诸：于。

译文

公叔文子的家臣大夫异，在公叔文子的竭力推荐下，成为与公叔文子一样的卫国大臣。孔子听说后，便说："公叔文子的谥号真可以称作'文'了。"

十九

子言卫灵公之无道也，康子曰："夫如是，奚而不丧？"孔子曰："仲叔圉[1]治宾客，祝鮀治宗庙，王孙贾治军旅。夫如是，奚其丧？"

注释

①仲叔圉 yǔ：就是孔文子，卫国的大夫。

译文

孔子谈到卫灵公昏聩无道时，季康子说："既如此，卫国为何还没衰亡？"孔子说："卫有仲叔圉接待宾客，有祝鮀管理祭祀，有王孙贾统帅军队。这样，怎么会衰亡呢？"

二十

子曰："其言之不怍[1]，则为之也难。"

注释

①怍 zuò：惭愧。

译文

孔子说："一个人若说话大言不惭，办起事来就难了。"

二十一

陈成子[1]弑简公[2]。孔子沐浴而朝，告于哀公曰："陈恒弑其君，请讨之。"公曰："告夫三子！"

孔子曰："以吾从大夫之后，不敢不告也。君曰'告夫三子'者！"

之三子告。不可。孔子曰："以吾从大夫之后，不敢不告也。"

注释

①陈成子：名恒，姓妫，齐国当权的陈氏家族首领。

②简公：即齐简公，姜姓，名壬，前484—前481年在位。

译文

陈成子杀了齐简公。孔子沐浴后上朝，告诉鲁哀公说："陈恒杀了其君王，请出兵讨伐他吧。"哀公说："你去向三位大夫报告吧。"

孔子说："我曾做过大夫，不敢不来报告。君王说：'你去向三位大夫报告吧。'"

孔子于是向三位大夫报告，而三位大夫都不同意出兵讨伐陈成子。孔子说："我曾做过大夫，不敢不报告啊！"

二十二

子路问事君。子曰："勿欺也，而犯之。"

译文

子路问如何服侍君王，孔子说："不要欺骗君主，但可以向他进谏。"

二十三

子曰："君子上达，小人下达。"

译文

孔子说："君子向上通达仁义道德，小人向下通达钱财私利。"

二十四

子曰："古之学者为己，今之学者为人。"

译文

孔子说："古代求学的人是为了自己修养德行；而当今求学的人是为了做样子给别人看。"

二十五

蘧伯玉[①]使人于孔子。孔子与之坐而问焉，曰："夫子何为？"对曰："夫子欲寡其过而未能也。"

使者出。子曰："使乎！使乎！"

注释

①蘧伯玉：卫国大夫，名瑗。

孔子周游列国时，曾与他有过交往。

译文

蘧伯玉派使者去孔子那里拜访。孔子让他坐下，问道："他老先生现在做什么？"使者回答说："他老先生很想减少自己的过错，但未能如愿。"

使者告辞后退离。孔子说："好一位使者！好一位使者！"

二十六

子曰："不在其位，不谋其政。"①
曾子曰："君子思不出其位。"

注释

①此句见《泰伯》篇。

译文

孔子说："不在那个职位上，就不要考虑那个职位方面的政事。"

曾子说："君子所思考的问题应不超出自己的职权范围。"

二十七

子曰："君子耻其言而①过其行。"

注释

①而：这里的用法同"之"，结构助词。

译文

孔子说："君子感到羞耻的是，说的超过所做的。"

二十八

子曰："君子道者三，我无能焉：仁者不忧，知者不惑，勇者不惧。"子贡曰："夫子自道也。"

译文

孔子说："君子应遵循的三个原则，我一个也没做到。这三个原则是：具有仁德的人不忧虑，明智的人不困惑，勇敢的人不畏惧。"子贡说："这恰恰是老师的自我描述啊。"

二十九

子贡方人[①]。子曰："赐也贤乎哉？夫我则不暇。"

注释

① 方bàng 人：谤人，讥评别人的长短。

译文

子贡说别人的长短。孔子说："赐呀，你就那么贤德吗？我可没有闲工夫。"

三十

子曰："不患人之不己知，患其不能也。"

译文

孔子说："不担心别人不了解自己，应担心自己没能力。"

三十一

子曰："不逆诈，不億不信，抑亦先觉者，是贤乎！"

译文

孔子说："事先就不怀疑别人欺诈，不轻易盘算别人不诚信，却能及时察觉，这种人才是贤人啊！"

三十二

微生亩[①]谓孔子曰："丘何为是[②]栖栖[③]者与？无乃为佞乎？"孔子曰："非敢为佞也，疾固也。"

注释

①微生亩：姓微生，名亩，春秋时鲁国的隐士。

②是：副词，如此。

③栖栖：忙碌不安的样子。

译文

微生亩对孔子说："你为何匆匆忙忙到处游说呢？怕是在显示自己的口才吧？"

孔子说："不敢显示善辩，只是痛恨那些固执的人。"

三十三

子曰："骥[①]不称其力，称其德也。"

注释

①骥：千里马。

译文

孔子说："不只是赞扬千里马的力气，更是因为它有美好品德。"

三十四

或曰："以德报怨，何如？"子曰："何以报德？以直报怨，以德报德。"

译文

有人说："以恩德来回报怨恨，怎么样呢？"孔子说："以什么来回报恩德呢？应以正直来回报怨恨，以恩德来回报恩德。"

三十五

子曰："莫我知也夫！"子贡曰："何为其莫知子也？"子曰："不怨天，不尤人，下学而上达。知我者其天乎！"

译文

孔子说："没有人了解我啊！"子贡说："为何说没有人了解您呢？"孔子说："不埋怨天，不怨恨人，下学人事上达天命。了解我的，只有上天啦！"

三十六

公伯寮[①]愬[②]子路于季孙。子服景伯[③]以告，曰："夫子固有惑志于公伯寮，吾力犹能肆[④]诸市朝[⑤]。"

子曰："道之将行也与，命也；道之将废也与，命也。公伯寮其如命何！"

注释

①公伯寮：字子周，鲁国人。

②愬：同"诉"。

③子服景伯：名何，鲁国大夫。

④肆：古代指人处死刑后暴尸示众。

⑤市朝：市集，市场。

译文

公伯寮在季孙氏面前说了子路的坏话。子服景伯将此事告诉了孔子，并说："季孙氏听信谗言，已对子路产生了怀疑，凭我的力量足可以让季孙氏将公伯寮杀死，将其暴尸示众。"

孔子说："我的学说如能付诸实践，这是天命；我的学说如被废弃，这也是天命。公伯寮怎能抵得过天命啊！"

三十七

子曰："贤者辟世，其次辟[1]地，其次辟色，其次辟言。"

子曰："作者七人矣。"

注释

①辟 bì：同"避"。

译文

孔子说："贤人逃避昏暗的现实社会而去隐居，次一等的避开到另一地居住，再次一等的避开别人难看的脸色，再次一等的避开别人的恶言恶语。"

孔子说："已经有七个人这么做了。"

三十八

子路宿于石门[1]。晨门曰："奚自？"子路曰："自孔氏。"曰："是知其不可而为之者与？"

注释

①石门：齐国的一座城。

译文

子路于石门住了一夜，次日晨进城时，守门的人问："你从什么地方来的？"子路说："从孔子那里来的。"守门的人说：

“就是那位明知做不到却硬要做的人吗？”

三十九

子击磬于卫，有荷蒉[①]而过孔氏之门者，曰：“有心哉，击磬乎！”既而曰：“鄙哉，硁硁[②]乎！莫己知也，斯己而已矣。深则厉，浅则揭[③]。”

子曰：“果哉！末[④]之难[⑤]矣。”

注释

①荷蒉 kuì：肩扛草筐。荷，用肩膀扛或担。蒉，用草编的筐子。

②硁硁 kēng：象声词，形容击石声。

③深则厉，浅则揭：见《诗经·邶风》，形容要识时务。

④末：无。

⑤难：责难，责问。

译文

孔子在卫国，有一天正在击磬的时候，一个挑着草筐的人正好从门前路过，说道：“这人击磬，有心事呀！”接着又说：“见识鄙俗，从硁硁的声音中就可以听出来！他在说‘没有人了解我呀。’没有人了解，那就独善其身算了。好比过河，水深干脆穿着衣服走过去，水浅提着衣服过去。”

孔子说：“多坚决啊！没办法指责他了。”

四十

子张曰："《书》云：'高宗谅阴，三年不言。'何谓也？"子曰："何必高宗，古之人皆然。君薨，百官总己以听于冢宰[①]三年。"

注释

①冢宰：商代的官名，相当于后世的宰相。

译文

子张说："《尚书》中说：'殷高宗守孝，三年不讲话。'这是什么意思？"孔子说："不一定就高宗是这样，古人都这样。君王死了，继位的君王就不问政事，朝廷百官各处理自己的事务，并听命于宰相。这种状况要维持三年。"

四十一

子曰："上好礼[①]，则民易使也。"

注释

①礼：等级制的社会规范与道德规范。

译文

孔子说："身居高位的人能奉行礼，役使天下百姓则就容易了。"

四十二

子路问君子，子曰：“修己以敬。”

曰：“如斯而已乎？”曰：“修己以安人。”

曰：“如斯而已乎？”曰：“修己以安百姓。修己以安百姓，尧、舜其犹病诸[①]！”

注释

①病诸：担心做不到这样。病，忧虑、担心。诸，之乎的合成词。

译文

子路问如何做君子。孔子说：“要修身养性，要有恭敬之心。”

子路说：“这样做就够了吗？”孔子说：“自己修身养性，以使他人安适。”

子路说：“这样做就够了吗？”孔子说：“自己修身养性，使天下百姓安适。自已修身养性，使天下百姓安适，尧、舜也担心做不到啊！”

四十三

原壤[①]夷俟[②]。子曰：“幼而不孙弟[③]，长而无述焉，老而不死，是为贼。”以杖叩其胫。

注释

①原壤：鲁国人，孔子的朋友，但其学术思想孔子大不相同。

②夷俟：蹲着等。夷，蹲着。俟，等待。

③孙弟：同“逊悌”。逊，谦逊。悌，顺从，尊敬长者。

译文

原壤蹲着等孔子。孔子说：“你年幼时就不尊敬顺从长者，长大了不会有什么成就，待老了还不死，那就成了误国殃民之辈了。”孔子说着以拐杖磕了一下原壤的小腿。

四十四

阙党[①]童子将命。或问之曰：“益者与？”

子曰：“吾见其居于位[②]也，见其与先生并行也。非求益者也，欲速成者也。”

注释

①阙党：地名，在今山东曲阜境内。

②位：主人的位子。

译文

阙党的一个童子来给孔子传话。有人问孔子：“这孩子是求上进的吗？”孔子说：“我看到他坐在主人的位子上，又看到他同长辈并肩而行。这孩子不是一个求上进的人，而是一个急于求成的人。”

卫灵公第十五

一

卫灵公问陈[1]于孔子。孔子对曰："俎豆[2]之事，则尝闻之矣；军旅之事，未之学也。"明日遂行。

注释

①陈：同"阵"。指行军布阵。

②俎 zǔ 豆：俎豆都是古代盛肉食的器皿，在行礼时所用。这里用来表示礼仪方面的事情。

译文

卫灵公向孔子请教有关军队作战时的阵势。孔子回答说："礼仪方面的事，我曾听说过；军队方面的事，我从未学习过。"第二天孔子便离开了卫国。

二

在陈绝粮，从者病，莫能兴。子路愠见曰："君子亦有穷乎？"子曰："君子固穷，小人穷斯滥矣。"

译文

孔子于陈国绝了粮，随从的弟子饿病了，都起不来。子路怒问孔子说："君子也有穷困的时候吗？"孔子说："君子在其穷困时能安于信守节操，小人穷困时就要胡乱作为了。"

三

子曰："赐也，女以予为多学而识之者与？"对曰："然，非与？"曰："非也，予一以贯之。"

译文

孔子说："赐呀，你以为我学了很多学问都能记住吗？"子贡答道："是。难道不是吗？"孔子说："不是的，我能用一个基本的理念来贯穿它们。"

四

子曰："由，知德者鲜矣。"

译文

孔子说："仲由啊，真正懂得德的人实在是太少了。"

五

子曰："无为而治[①]者，其舜也与？夫何为哉？恭己正南面而已矣。"

注释

①无为而治：很多人将“无为”解释为“不为”“不做什么”“没做”，其实这是一种误解。“无为”是“为”的一种极为高明的手段，通过“无为”最后达到“无不为”的目的。“无为”是为了更好地“为”。

译文

孔子说：“无为而治的人，恐怕只有舜吧？他做了些什么呢？他恭敬地端坐在君王位子上就行了。”

六

子张问行。子曰：“言忠信，行笃敬，虽蛮貊[①]之邦，行矣。言不忠信，行不笃敬，虽州里[②]，行乎哉？立，则见其参[③]于前也；在舆，则见其倚于衡也，夫然后行。”子张书诸绅[④]。”

注释

①蛮貊：也作“蛮貉”。古代称南方和北方比较偏远的少数民族。

②州里：古代二千五百家为州，二十五家为里。本是行政建制，后泛指乡里或本土。

③参：呈现。

④绅：腰间大带下垂的部分。

译文

子张问如何才能使自己的学说与主张通行天下，孔子说：“说话诚实讲信用，做事忠厚而严肃，即使走到偏远的少数民族国家，也行得通。说话不诚实，不讲信用，办事不严肃认真，即使在本乡本土，又如何行得通呢？站立时，好像看见‘忠信笃敬’这几个字就在面前展现；在车上时，好像这几个字就出现在前面的横木上。如此铭记这几个字，你自己的学说和主张便随处可行得通。”子张将孔子的这些话记在衣服的带子上了。

七

子曰：“直哉史鱼①！邦有道，如矢；邦无道，如矢。君子哉蘧伯玉！邦有道，则仕；邦无道，则可卷而怀之。”

注释

①史鱼：卫国的大夫史鳝，字子鱼。

译文

孔子说：“正直啊，史鱼！国家有道时，他若箭一般刚直；国家无道时，他还像箭一般刚直。蘧伯玉，真可谓君子！国家有道时，他就出来做官；国家无道时，他就隐退而去。”

八

子曰："可与言而不与之言，失人；不可与言而与之言，失言。知者不失人，亦不失言。"

译文

孔子说："可以同他谈而没有谈，是错错失人才；不可以同他谈而谈了，是说错话。智者既不错失人才，也不说错话。"

九

子曰："志士仁人，无求生以害仁，有杀身以成仁。"

译文

孔子说："志士仁人，不会为贪生而损害仁德，只会牺牲自己生命而去保全仁德。"

十

子贡问为仁。子曰："工欲善其事，必先利其器。居是邦也，事其大夫之贤者，友其士之仁者。"

译文

子贡问何以实现仁，孔子说："工匠要想干好他的活儿，必须先将其工具弄得很锋利。我们居住在这个国家，就应侍奉大夫中的贤者，与士中的仁人交朋友。"

十一

颜渊问为邦。子曰："行夏之时①，乘殷之辂②，服周之冕③，乐则《韶》《舞》④，放郑声⑤，远佞人。郑声淫，佞人殆。"

注释

①夏之时：指夏朝的历法。

②辂 lù：车子。

③周之冕：周代的礼帽，比以前的自然、华美。

④《韶》《舞》：《韶》是舜时的音乐。"舞"即"武"，《武》是周武王时的音乐。

⑤郑声：指郑国的乐曲。

译文

颜渊问如何治理国家，孔子说："推行夏朝的历法，乘坐殷朝的车子，戴周朝的礼帽，音乐就演奏《韶》与《舞》，抛弃郑国的音乐，疏远专事巧言谄媚的人。郑国的音乐放荡，巧言谄媚的人危险。"

十二

子曰："人无远虑，必有近忧。"

译文

孔子说："一个人若没有长远的打算，那他必定会碰到眼前的忧愁之事。"

十三

子曰："已矣乎！吾未见好德如好色者也。"[①]

注释

①这是孔子对卫灵公与他的夫人南子同车招摇过市一事的感叹。

译文

孔子说："算啦！我未见过爱仁德像喜女色的人。"

十四

子曰："臧文仲[①]其窃位者与！知柳下惠[②]之贤而不与立[③]也。"

注释

①臧文仲：鲁国大夫臧孙辰。

②柳下惠：本名展获，字禽，春秋时鲁国有名的贤人。"柳下"是他的食邑，"惠"是他的谥号。

③立：通"位"。官位、爵位。

译文

孔子说："藏文仲可能是个窃居官位的人吧！他明知柳下惠是个贤才，却不荐举他做官。"

十五

子曰："躬自厚而薄责于人，则远怨矣。"

译文

孔子说："对自己要多加责备，对他人尽量少责备。这样就可以远离怨恨了。"

十六

子曰："不曰'如之何，如之何'者，吾未如之何也已矣。"

译文

孔子说："凡事都不说'怎么办、怎么办'的人，我的确也不知道对他该如何办是好了。"

十七

子曰："群居终日，言不及义，好行小慧，难矣哉！"

译文

孔子说："成天聚在一起，说话从不提到'义'，喜欢耍小聪明。这样的人难得有长进啊！"

十八

子曰："君子义以为质，礼以行之，孙以出之，信以成之。君子哉！"

译文

孔子说："君子以义为根本，按礼节实行它，以谦虚的话语道出它，以诚信的做法完善它。这真是个君子啊！"

十九

子曰："君子病无能焉，不病人之不己知也。"

译文

孔子说："君子担心自己有无能力，不必担心别人不了解自己。"

二十

子曰："君子疾没世而名不称焉。"

译文

孔子说："君子担心直到去世而无人称颂。"

二十一

子曰："君子求诸己，小人求诸人。"

译文

孔子说："君子严于要求自己，小人苛求他人。"

二十二

子曰："君子矜而不争，群而不党①。"

注释

①群而不党：合群而不结私党。群，合群。

译文

孔子说："君子慎重而不与人争，能与他人合群，但不与他人勾结。"

二十三

子曰："君子不以言举人，不以人废①言。"

注释

①废：废弃。

译文

孔子说："君子不因一个人话说得娓娓动听就荐举他，也不因一个人人品不好就将他符合事理的话也厌弃不理。"

二十四

子贡问曰："有一言而可以终身行之者乎？"子曰："其恕①乎！己所不欲，勿施于人。"

注释

①恕：以自己的心比别人的心。

译文

子贡问道："有一句话可以终身奉行的吗？"孔子说："那就是'恕'！自己不要的，切勿强加给他人。"

二十五

子曰："吾之于人也，谁毁①谁誉？如有所誉者，其有所试矣。斯民也，三代之所以直道而行也。"

注释

①毁：诋毁。

译文

孔子说："我对别人，诋毁过谁，赞誉过谁，若有我赞誉过的人，那必定是经过考验的人。夏、商、周三代的人都是这么做的，故而，这三个朝代能在正道上顺利前行。"

二十六

子曰："吾犹及史之阙文也。有马者借人乘之。今亡已夫！"①

注释

①"史之阙文"和"马者借人乘之"中间没什么关联，放在一起很难理解。我们认为这里本来就是在说两件事，只不过记录者放在了一起而已。

译文

孔子说："我还能看到史书中的存疑。有马的人先将马借给别人骑，这种情况现在没有了。"

二十七

子曰："巧言乱德。小不忍，则乱大谋。"

译文

孔子说："花言巧语会扰乱道德。小事不忍，则会影响谋划大事。"

二十八

子曰："众恶之，必察焉；众好之，必察焉。"

译文

孔子说："众人讨厌他，必要考察他；众人喜欢他，也必考察一番。"

二十九

子曰："人能弘道①，非道弘人。"

注释

①道：这里指好的思想主张。

译文

孔子说："人能将道发扬光大，而不是道弘扬人。"

三十

子曰："过而不改，是谓过矣。"

译文

孔子说："犯了过错却不加改正，这本身就是错误。"

三十一

子曰："吾尝终日不食，终夜不寝，以思，无益，不如学也。"

译文

孔子说："我曾整天不吃，整夜不睡，全力去思索，却没有用，不如去潜心钻研学问。"

三十二

子曰："君子谋道不谋食。耕也，馁[①]在其中矣；学也，禄在其中矣。君子忧道不忧贫。"

注释

①馁 něi：饥饿。

译文

孔子说："君子谋求道，不谋求吃穿。耕田，时常伴有饥饿；钻研学问，能做官拿俸禄。君子担心的是道学不深，并不担心贫穷。"

三十三

子曰："知及之，仁不能守之，虽得之，必失之。知及之，仁能守之，不庄以莅之，则民不敬。知及之，仁能守之，庄以莅之，动之不以礼，未善也。”

译文

孔子说：“靠聪明可以谋取官位，但若不以仁德去固守它，即便得到也必定会丧失。靠聪明谋取官位，又能用仁德去固守它，但不以认真的态度对待百姓，百姓也不会尊敬他。靠聪明谋得官位，又以仁德守住官位，还能以认真的态度对待百姓，但不能以礼来使唤百姓，这也还不够完善。”

三十四

子曰：“君子不可小知[①]而可大受[②]也，小人不可大受而可小知也。”

注释

①小知：从细事上察知。

②大受：委以重任。受，被任用，被授予重大责任。

译文

孔子说：“君子不可以从小事情上考察，而可以授予他重大的事情；小人不可让他接受重大事情，而可用小事情考验他。”

三十五

子曰：“民之于仁也，甚于水火[①]。水火，吾见蹈[②]而死者矣，未见蹈仁而死者也。”

注释

①水火：日常生活中的水与火。

②蹈：踩着。

译文

孔子说："百姓对仁德的需求，比对水火的需求更为迫切。水与火，我看见有踩在里面而死去的，却没有见过因实行仁德而死去的。"

三十六

子曰："当仁，不让于师。"

译文

孔子说："在对待仁的问题上，不必谦让于老师。"

三十七

子曰："君子贞[①]而不谅[②]。"

注释

①贞：大的信念。

②谅：信誉，信用。

译文

孔子说："君子追求正道，而不计较小的信誉。"

三十八

子曰："事君，敬其事而后其食。"

译文

孔子说："侍奉君王，将敬守职责放在首位，将俸禄之事放在后面。"

三十九

子曰："有教无类。"

译文

孔子说："我对人人进行教诲，没有贫富贵贱之分。"

四十

子曰："道不同，不相为谋[①]。"

注释

①谋：商量，探讨。

译文

孔子说："思想与学说不同，相互不为探讨。"

四十一

子曰："辞达[1]而已矣。"

注释

①辞达：文辞或言辞表达清楚通畅。

译文

孔子说："言辞能表达清楚就行了。"

四十二

师冕[1]见，及阶，子曰："阶也。"及席，子曰："席也。"皆坐，子告之曰："某在斯，某在斯。"

师冕出，子张问曰："与师言之道与？"子曰："然，固相师之道也。"

注释

①师冕：名为冕的乐师。古代乐师多为盲人。

译文

师冕来见孔子，走到台阶前，孔子告诉他说："这是台阶。"师冕走到坐席旁，孔子告诉他说："这是坐席。"大家都入座后，孔子对师冕说："某人坐在这里，某人坐在那里。"

师冕告辞离去，子张问孔子："这是同乐师说话的一种方法吗？"孔子说："是的，这就是帮助乐师的一种方法啊！"

季氏第十六

一

季氏将伐颛臾[1]。冉有、季路见于孔子曰:“季氏将有事[2]于颛臾。”

孔子曰:“求!无乃尔是过[3]与!夫颛臾,昔者先王以为东蒙[4]主,且在邦域之中矣,是社稷之臣也,何以伐为?”

冉有曰:“夫子欲之,吾二臣者皆不欲也。”

孔子曰:“求!周任[5]有言曰:‘陈力就列[6],不能者止。’危而不持,颠[7]而不扶,则将焉用彼相矣?且尔言过矣,虎兕[8]出于柙,龟玉毁于椟中,是谁之过与?”

冉有曰:“今夫颛臾,固而近于费[9],今不取,后世必为子孙忧。”

孔子曰:“求!君子疾夫舍曰‘欲之’而必为之辞。丘也闻有国有家者,不患寡而患不均,不患贫而患不安。盖均无贫,和无寡,安无倾。夫如是,故远人不服,则修文德以来之。既来之,则安之。今由与求也,相夫子,远人不服而不能来也;邦分崩离析而不能守也;

而谋动干戈于邦内。吾恐季孙之忧，不在颛臾，而在萧墙[10]之内也。”

注释

①颛臾：鲁国的附属国，在今山东费县。

②有事：这里指用兵。

③尔是过：责备你。“是”用在两词之间表示倒装，正常语序应是“过尔”，责备你、归罪于你的意思。

④东蒙：即蒙山，在山东蒙阴县。

⑤周任：古代的一位史官。

⑥陈力就列：贡献才力，担任相应官职。陈力，贡献才力。就，担任。列，官职、职位。

⑦颠：借为“蹎”，倒下。

⑧虎兕 sì：老虎和犀牛类的野兽。

兕，雌性犀牛，一说是传说中类似犀牛的异兽。

⑨费 bì：鲁国季氏的采邑，在今山东费县的费城。

⑩萧墙：鲁君所用的屏风，这里比喻国家内部。

译文

季氏要攻伐颛臾。冉有、季路去见孔子说：“季氏将要对颛臾用兵。”

孔子说：“求呀！这就要责备你了！颛臾嘛，从前先王封它的国王为祭祀蒙山的主祭人，况且它又在鲁国境内，是鲁国的臣属啊，为何要攻伐它呢？”

冉有说：“我们的主公季康子要攻伐，我们二人都不想这么做。”

孔子说：“求呀！周任说过：‘能贡献才力，就担任相应职位；不能，就不要就其职位。’这正如瞎子面临危境，不去扶持，瞎子跌倒，不去搀扶，那还用搀扶瞎子的人干什么呢？更何况你的话说错了，老虎与犀牛跑出笼子就要伤及人，占卜用的龟甲与祭祀用的玉毁坏于匣子里，这是什么人的过错呢？”

冉有说：“现在的颛臾城郭坚固，又离费很近，现在若不夺取它，将来必定成为子孙后代的隐患。”

孔子说：“求呀！君子厌恶那种不说自己愿意去做而编个谎言来搪塞的做法。我听说，一个国君或一个大夫，不怕财富少而怕分配不均，不怕贫困而怕不安定。财富均了，也就没有贫困了；上下和好相处，也就没有什么多和少了；上下相安无事，国家也就没有倾覆的忧患了。若如此，其他国家的人若不归顺，就以礼乐和仁德之政招引他们来；他们既然来了，就要让他们过安定的生活。现在你们二人辅助季氏，其他国家的人不归顺，你们又无法招他们来；国家分崩离析，你们又不能很好保全；却想在国内动武力。我担心季孙氏的忧虑并不在颛臾，而在鲁国内部。”

二

孔子曰：“天下有道，则礼乐征伐自天子出；天下无道，则礼乐征伐自诸侯出。自诸侯出，盖十世希不失矣；自大夫出，五世希不失矣；陪臣执国命，三世希不失矣。天下有道，则政不在大夫。天下有道，则庶人不议。”

译文

孔子说：“天下太平，那么，礼乐征伐之事则由天子决定；

天下大乱，那么，礼乐征伐之事就由诸侯做主了。礼乐征伐由诸侯做主，也许能传到十代，很少有能保持下去的；由大夫做主，最多传至五代，很少有能保持下去的；若大夫的家臣把持了国家政权，最多传到三代，很少能保持下去的。天下太平，国家的政权就不会由大夫把持。天下太平，百姓就不会议论朝政了。”

三

孔子曰：“禄之去公室，五世矣；政逮于大夫，四世矣。故夫三桓①之子孙微矣。”

注释

①三桓：鲁国的三卿，仲孙、叔孙、季孙这三家都出于鲁桓公，所以称“三桓”。

译文

孔子说：“国家政权的丧失是因朝廷公室所致，已有五代了；权力旁落于大夫手中，已有四代了。故此，桓公的子孙也就衰微了。”

四

孔子曰：“益者三友，损者三友。友直，友谅，友多闻，益矣。友便辟①，友善柔，友便佞②，损矣。”

注释

①便辟：亦作“便僻”。谄媚逢迎。

②便佞：花言巧语，阿谀逢迎。

译文

孔子说：“有益的朋友有三种，有害的朋友有三种。与正直无邪的人交朋友，与讲诚信的人交朋友，与广见博识的人交朋友，则会有好处；与虚情假意的人交朋友，与善于谄媚阿谀的人交朋友，与花言巧语的人交朋友，则是有害的。”

五

孔子曰：“益者三乐，损者三乐。乐节礼乐，乐道人之善，乐多贤友，益矣。乐骄乐，乐佚游，乐晏乐，损矣。”

译文

孔子说：“有益的快乐有三种，有害的快乐也有三种。将礼乐调节作为快乐，将赞扬他人的长处作为快乐，将广交贤良的朋友作为快乐，则会有好处；将乐于放纵作为快乐，将乐于肆意游逛作为快乐，将乐于宴饮作为快乐，则是有害的。”

六

孔子曰：“侍于君子有三愆[①]：言未及之而言，谓之躁；言及之而不言，谓之隐；未见颜色而言，谓之瞽[②]。”

注释

①愆 qiān：过失，过错。

②瞽 gǔ：盲目，没有识别力。

译文

孔子说："陪君子时会出现三种过失：未轮到自己说话却先说了，此为急躁；轮到自己说话了却不说，此为隐瞒；不看对方脸色便轻率开口，此为盲目。"

七

孔子曰："君子有三戒：少之时，血气未定，戒之在色；及其壮也，血气方刚，戒之在斗；及其老也，血气既衰，戒之在得[①]。"

注释

①得：贪得，指对名誉、地位、财货等贪得无厌的态度。

译文

孔子说："君子有三件事要警惕：年轻时血气尚未稳定，要警惕贪婪女色；壮年时血气方刚，要警惕争强好斗；年老之后，血气衰退，要警惕贪得无厌。"

八

孔子曰："君子有三畏：畏天命，畏大人[1]，畏圣人之言。小人不知天命而不畏也，狎[2]大人，侮圣人之言。"

注释

①大人：指在高位的人。

②狎：轻视而不庄重。

译文

孔子说："君子有三件敬畏的事：敬畏天命，敬畏处于高位的人，敬畏圣人说的话。小人不懂得天命，因此不敬畏天命，轻视处于高位的人，轻蔑圣人说的话。"

九

孔子曰："生而知之者，上也；学而知之者，次也；困而学之，又其次也；困而不学，民斯为下矣。"

译文

孔子说："生来就知道道理的，为上等；学习之后才知道的，为次等；经历了困苦才知道要学的，为再次一等；虽经困苦却仍不学习的，这种人就是最下等的了。"

十

孔子曰："君子有九思：视思明，听思聪，色思温，貌思恭，言思忠，事思敬，疑思问，忿思难[①]，见得思义。"

注释

①忿思难：发怒要考虑到后患。忿，发怒。难，后患。

译文

孔子说："君子有九种需要考虑的事：看的时候，要考虑看清楚了没有；听的时候，要考虑听清楚了没有；脸色要考虑是否温和；容貌要考虑是否庄重严肃；说话，要考虑是否忠诚老实；做事，要考虑是否严肃认真；遇有疑难问题，要考虑如何向他人请教；想发怒，要考虑到后患；看见能够到手的东西，要考虑是否符合道义。"

十一

孔子曰："见善如不及，见不善如探汤[①]。吾见其人矣，吾闻其语矣。隐居以求其志，行义以达其道。吾闻其语矣，未见其人也。"

注释

①汤：开水，热水。

译文

孔子说："看见善良的，就像赶不上似的全力去追求；看见邪恶的，就像要将手伸进滚烫的水里一样赶忙避开。这样的人，我见过；这样的话，我听到过。隐居以求实现其志向，行义以求实现其思想学说。这样的话，我听到过；我没见过这样的人。"

十二

齐景公胡马千驷[①]，死之日，民无德而称焉。伯夷、叔齐饿于首阳[②]之下，民到于今称之，其斯之谓与？

注释

①千驷：四千匹马。驷，古代驾一辆车用四匹马，所以一驷就是四匹马。

②首阳：山名，在今河北省迁安市南。

译文

齐景公有四千匹马，他死时，百姓觉得他没有什么可颂扬的。伯夷、叔齐二人饿死在首阳山，到如今百姓仍在颂扬他们。大概也就是这个意思吧？

十三

陈亢[①]问于伯鱼曰："子亦有异闻乎？"

对曰："未也。尝独立，鲤[②]趋而过庭。曰：'学诗乎？'对曰：'未也。''不学诗，无以言。'鲤退而学诗。他日，又独立，鲤趋而过庭。曰：'学礼乎？'对曰：'未也。''不学礼，无以立。'鲤退而学礼，闻斯二者。"

陈亢退而喜曰："问一得三，闻诗，闻礼，又闻君子之远其子也。"

注释

①陈亢：即陈子禽。

②鲤：即孔子之子孔鲤。

译文

陈亢问伯鱼："您从老师那里得到过特别的教导吗？"

伯鱼回答说："没有。一次，他独自站在庭院里，我恭敬地走过。他问我：'学诗了吗？'我回答说：'还没有。'他说：'不学诗，就无言以对。'我退回去后便学诗。又有一天，他独自站在庭院里，我又恭敬地走过。他问："学礼了吗？"我回答说：'还没有。'他说：'不学礼，就不能立身处世。'我退回去后便学礼。只听到这两件事。"

陈亢回去后高兴地说："我问了一个问题，却得到三点收获：一是知道了该学诗，二是知道了该学礼，三是知道了君子并不偏爱自己的儿子。"

十四

邦君之妻，君称之曰夫人，夫人自称曰小童；邦人称之曰君夫人，称诸异邦曰寡小君；异邦人称之亦曰君夫人。

译文

国君的妻子，国君称她为夫人，她自称为小童；国内的人称她为君夫人，对外国人称她为寡小君；外国人称她为君夫人。

阳货第十七

一

阳货[1]欲见孔子，孔子不见，归孔子豚[2]。

孔子时[3]其亡也，而往拜之。

遇诸途。

谓孔子曰："来！予与尔言。"曰："怀其宝而迷其邦，可谓仁乎？"曰："不可。""好从事而亟[4]失时，可谓知乎？"曰："不可。""日月逝矣，岁不我与。"

孔子曰："诺，吾将仕矣。"[5]

注释

①阳货：季氏的家臣，又名阳虎。他把持着季氏的权柄，最后因企图削除三桓未成而逃往晋国。

②归：通"馈"。赠送。按照当时的礼节，阳货送了孔子礼物，孔子必须去回访。

③时：通"伺"。窥伺，暗中窥探。

④亟 qì：屡次。

⑤阳货当权之时，孔子并未出仕。

译文

阳货想让孔子去见他，孔子不去，他便送了一头蒸熟的小猪给孔子，意在使孔子非去他家不可。

孔子待阳货外出时，去他家拜谢。

不料，二人在路上相遇了。

阳货对孔子说："过来，我有话跟你说。"接着又说："你自己身怀本领，却让国家迷途衰微，这能叫仁吗？"阳货自说："不能算作仁。""你想参政，却屡屡失掉机会，这能叫聪明吗？"阳货自己又回答说："不能。"阳货说："日月如梭，岁月不等人啊！"

孔子说："好，我准备出来做官。"

二

子曰："性相近也，习相远也。"

译文

孔子说："人的天性本来是相近的，只因为习惯不同而逐渐使他们之间的差距拉大了。"

三

子曰："唯上知与下愚不移。"

译文

孔子说："唯有上等聪明的人与下等愚蠢的人是不可改变各自性情的。"

四

子之武城，闻弦歌之声。夫子莞尔而笑，曰："割鸡焉用牛刀？"

子游[1]对曰："昔者偃也闻诸夫子曰：'君子学道则爱人，小人学道则易使也。'"

子曰："二三子！偃之言是也。前言戏之耳。"

注释

①子游：即言偃，孔子的学生。

译文

孔子去武城，听到弹琴唱歌的声音。孔子微微一笑，说："杀鸡何必用宰牛的刀呢？"

子游回答说："以前我听老师说过：'做官的学习了礼乐后，就会有仁爱之心；百姓学习了礼乐，就容易听使唤。'"

孔子对弟子们说："弟子们，言偃的话说对了。我刚才说的话只是同他开个玩笑罢了。"

五

公山弗扰以费畔[1]，召，子欲往。

子路不说，曰："末之也已，何必公山氏之之也[2]？"

子曰："夫召我者，而岂徒[3]哉？如有用我者，吾其为东周乎？"

注释

①畔：同“叛”。

②何必公山氏之之也：即“何必之公山氏也”的倒装形式。“之之”，第一个“之”是表倒装的结构助词，第二个“之”是动词，去。

③徒：白白地。

译文

公山弗扰占据费邑，图谋反叛。他召孔子去，孔子打算去。

子路不高兴，说：“没地方可去就算了，为何一定要到公山氏那里去呢？”

孔子说：“叫我去的人，难道会白召我去吗？若有人肯用我，我或许会建设出一个周王朝般的鲁国。”

六

子张问仁于孔子。孔子曰：“能行五者于天下，为仁矣。”

“请问之。”曰：“恭，宽，信，敏，惠。恭则不侮，宽则得众，信则人任焉，敏则有功，惠则足以使人。”

译文

子张问孔子何为仁，孔子说：“能在天下实行五种品德的，就是仁了。”

子张问：“请问是哪五种？”孔子说：“庄重、宽厚、诚信、奋勉、仁慈。庄重则不会遭到侮辱，宽厚则会得到大家的拥护，诚信则会得到别人的信任，勤敏则会取得成功，慈惠则能很好地使唤人。”

七

佛肸[①]召，子欲往。

子路曰：“昔者由也闻诸夫子曰：‘亲于其身为不善者，君子不入也。’佛肸以中牟[②]畔，子之往也，如之何？”

子曰：“然，有是言也。不曰坚乎，磨而不磷[③]；不曰白乎，涅[④]而不缁。吾岂匏瓜[⑤]也哉？焉能系而不食？”

注释

①佛肸 bìxī：中牟县长，大夫范中行的家臣。

②中牟：春秋时晋国的采邑，在今河北邢台和邯郸之间。

③磷 lìn：薄。

④涅：一种矿物，古人用来做黑色染料。

⑤匏 páo瓜：葫芦的一种。

译文

佛肸召孔子去，孔子想去。

子路说：“从前我听老师说过：‘亲自做了坏事的人，君子是不去他那里的。’佛肸以中牟为据点反叛，老师您却要去他那里，这怎么说得过去呢？”

孔子说：“是的，我说过这样的话。可我不是也说过坚硬的东西磨也磨不薄吗？不是也说过洁白的东西染也染不黑吗？我难道是匏瓜吗？怎么能只挂在那里，不想有人来采食呢？”

八

子曰:“由也,女闻六言[①]六蔽矣乎？”对曰:“未也。”

“居！吾语女。好仁不好学，其蔽也愚；好知不好学，其蔽也荡[②];好信不好学，其蔽也贼[③];好直不好学，其蔽也绞[④]；好勇不好学，其蔽也乱；好刚不好学，其蔽也狂。”

注释

①言：这里指道德品格。

②荡：放荡无忌。

③贼：被人利用，反受其害。

④绞：对人尖刻。

译文

孔子说:“仲由，你听说过六种品格与六种弊病的说法吗？”子路回答说:“没有听说过。”

孔子说:“坐下，我告诉你。爱好仁德却不好学，其弊病是易被人愚弄；爱好聪明却不好学，其弊病是易放荡；爱好诚信却不好学，其弊病是被人利用而自己受害；爱好直率却不好学，其弊病是尖刻而不近情理；爱好勇敢却不好学，其弊病是容易酿成祸乱；爱好刚直却不好学，其弊病是狂妄。”

九

子曰："小子何莫学夫诗？诗，可以兴，可以观，可以群，可以怨；迩之事父，远之事君；多识于鸟兽草木之名。"

译文

孔子说："弟子们，你们为何不学习诗呢？诗可以培养联想力，可以提高观察力，可以合群，可以抒发心中的怨愤；就近处而言可运用诗中的道理侍奉父母；就远处而言，可以利用诗中的道理侍奉君王；还可以让你多知道一些鸟兽草木的名称。"

十

子谓伯鱼曰："女为《周南》《召南》[1]矣乎？人而不为《周南》《召南》，其犹正墙面而立也与！"

注释

①《周南》《召南》：《诗经·国风》中的篇章。

译文

孔子对儿子伯鱼说："你读过《周南》《召南》吗？一个人若不读《周南》《召南》，就好像正对着墙壁站立，无法再向前走了。"

十一

子曰："礼云礼云，玉帛云乎哉？乐云乐云，钟鼓云乎哉？"

译文

孔子说："礼呀礼呀，难道仅仅是说玉帛等礼物吗？乐呀乐呀，难道仅仅是说钟鼓乐器吗？"

十二

子曰："色厉而内荏[①]，譬诸小人，其犹穿窬[②]之盗也与！"

注释

①荏：柔弱，怯弱。

②窬 yú：从墙上爬过，翻墙。

译文

孔子说："外表刚强内心却软弱的人，拿小人作比方的话，就像个钻洞翻墙的小偷吧！"

十三

子曰："乡原[①]，德之贼也。"

注释

①乡原：《孟子·尽心下》对“乡原”有一段具体的解释。“何以是嘐嘐也？言不顾行，行不顾言，则曰：‘古之人，古之人。行何为踽踽凉凉？生斯世也，为斯世也，善斯可矣。’阉然媚于世也者，是乡原也。”可见，“乡原”指的是看似忠厚实际没有一点道德原则，只知道媚俗趋炎附势的人。

译文

孔子说：“乡里人都说好的老好人，其实是败坏道德的误国误民者。”

十四

子曰：“道听而途说，德之弃也。”

译文

孔子说：“在路上听到就到处乱说，这是对道德的背弃。”

十五

子曰：“鄙夫可与事君也与哉？其未得之也，患得之[①]，既得之，患失之苟患失之，无所不至矣。”

注释

①患得之：这里应为“患不得之”。

译文

孔子说："一个卑鄙无耻的人，难道可以同他一起去侍奉君王吗？他没有得到官职时，担心得不到；得到后，又担心失掉官职。若担心失掉官职，他会无所不用其极。"

十六

子曰："古者民有三疾，今也或是之亡也。古之狂也肆①，今之狂也荡；古之矜也廉②，今之矜也忿戾；古之愚也直，今之愚也诈而已矣。"

注释

①肆：放纵，肆意。

②廉：本义是器物棱角，这里指人的行为方正。

译文

孔子说："古人有三种毛病，现今也许连这些毛病都没有了。古代的狂人肆意直言，现今的狂人放荡无度；古代骄傲的人行为方正，似乎不可冒犯，现今骄傲的人蛮横无理；古代愚蠢的人直爽，现今愚蠢的人狡诈。"

十七

子曰："巧言令色，鲜矣仁。"

译文

孔子说："善于花言巧语假装和善的人，很少有仁德。"

十八

子曰："恶紫之夺朱[①]也，恶郑声之乱雅乐也，恶利口之覆邦家者。"

注释

①紫之夺朱：春秋时期，鲁桓公和齐桓公等君主喜欢穿紫色的正衣，紫色已代替了朱色成为正色。

译文

孔子说："我讨厌紫色代替了朱红色，我讨厌郑国的乐曲扰乱了典雅的音乐，我憎恨巧口利舌使国和家覆灭的人。"

十九

子曰："予欲无言。"子贡曰："子如不言，则小子何述焉？"子曰："天何言哉？四时行焉，百物生焉，天何言哉？"

译文

孔子说："我不想再说什么话了。"子贡说："您若不再说话，我们这些弟子还传述什么呢？"孔子说："天说过什么话呀？四季照常运行，万物照常生长，天说过什么呢？"

二十

孺悲[1]欲见孔子，孔子辞以疾。将命者出户，取瑟而歌，使之闻之。

注释

①孺悲：鲁国人，鲁哀公曾派他去孔子那里学礼。

译文

孺悲想见孔子，孔子推说有病拒而不见。传话的人刚走出门，孔子就取下瑟弹唱起来，故意让孺悲听到。

二十一

宰我问："三年之丧，期已久矣。君子三年不为礼，礼必坏；三年不为乐，乐必崩。旧谷既没，新谷既升，钻燧改火[1]，期[2]可已矣。"

子曰："食夫稻，衣夫锦，于女安乎？"

曰："安。"

"女安，则为之！夫君子之居丧，食旨[3]不甘，闻乐不乐，居处不安，故不为也。今女安，则为之！"

宰我出。子曰："予之不仁也！子生三年，然后免于父母之怀。夫三年之丧，天下之通丧也。予也有三年之爱于其父母乎！"

注释

①钻燧改火：古代用钻木取火的方法升火，被钻的木，四季不同，一年一轮回。

②期：同“朞”。一年。

③旨：美味。

译文

宰我问孔子：“父母死后，子女守孝三年，时间太长了。君子三年不行礼，礼仪必定会废掉；三年不奏乐，音乐必定会失传。陈谷已吃完，新谷子已成熟，钻木取火用的木头也已改换了一遍，守丧一年就可以了。”

孔子说：“父母死了不到三年，你就吃稻米饭，穿锦缎衣。对此你能心安吗？”

宰我说：“我心安。”

孔子说：“你要觉得那么做心安，你就做去吧！君子守孝期间吃着美味的食物，也不会觉得好吃，听到乐声也不会高兴，住在舒适的家里也不会觉得舒服。因此，不会像你那样去做。现在你要觉得那样做心安理得，你就那样去做吧！”

宰我退出后，孔子说：“宰我不仁啊！小孩生下三年后才离开父母的怀抱。三年的守孝，是天下通行的守孝期。莫非宰我没有从他父母的怀抱里得到过三年的爱吗？”

二十二

子曰：“饱食终日，无所用心，难矣哉！不有博弈[①]者乎？为之，犹贤[②]乎已。”

注释

①博弈：下围棋。

②贤：胜过，超过。

译文

孔子说："整天吃饱了饭，什么心思也不用，这种人很难有作为啊！不是有掷骰子下棋的游戏吗？你去做这种游戏也比什么都不做好啊。"

二十三

子路曰："君子尚勇乎？"子曰："君子义以为上，君子有勇而无义为乱，小人有勇而无义为盗。"

译文

子路说："君子崇尚勇武吗？"

孔子说："君子把义看作最高尚。君子有勇无义，则会犯上作乱；小人有勇无义，则会成为盗贼。"

二十四

子贡曰："君子亦有恶乎？"子曰："有恶：恶称人之恶者，恶居下流而讪上者，恶勇而无礼者，恶果敢而窒者[①]。"

曰："赐也亦有恶乎？""恶徼[②]以为知者，恶不孙以为勇者，恶讦[③]以为直者。"

注释

①窒：阻塞不通。这里指不通事理。

②徼：抄袭，剽窃。

③讦 jié：攻击别人的短处，揭发别人隐私。

译文

子贡说："君子也有厌恶的人吗？"孔子说："有憎恶的人。憎恶宣扬他人坏处的人，憎恶身处下位而诽谤处在上位的人，憎恶勇武而不懂礼节的人，憎恶胆大而顽固不化的人。"

孔子又问："赐，你也有憎恶的人吗？"子贡回答说："我憎恶抄袭别人的东西自以为聪明的人，憎恶不谦逊自为以为勇敢的人，憎恶揭别人的短处反自以为直爽的人。"

二十五

子曰："唯女子与小人为难养也。近之则不孙[①]，远之则怨。"

注释

①孙：通"逊"。恭顺，谦恭。

译文

孔子说："唯有女人和小人最难相处。太亲近了，他们就会显得失礼；太疏远了，他们又要怨恨。"

二十六

子曰："年四十而见恶[①]焉，其终也已。"

注释

①见恶：被人厌恶。

译文

孔子说："到四十岁还让人厌恶，他这一生也就完了。"

微子第十八

一

微子[①]去之，箕子[②]为之奴，比干[③]谏而死。孔子曰：“殷有三仁[④]焉。”

注释

①微子：商纣王的同母兄长，因纣王无道愤然辞官退隐。

②箕子：商纣王的叔父。纣王无道，他曾进谏而纣王不听，他便披头散发假装疯癫，被纣王贬为奴隶。

③比干：纣王的叔父，他曾力谏纣王，却被剖心而死。

④仁：仁人。

译文

商纣王无道，微子离他而去，箕子沦落为他的奴隶，比干因力谏纣王而被杀死。孔子说：“殷朝有三位仁人啊！”

二

柳下惠为士师，三黜[①]。人曰：“子未可以去乎？”曰：

"直道而事人，焉往而不三黜？枉[②]道而事人，何必去父母之邦？"

注释

①黜 chù：罢免。

②枉：不正。

译文

柳下惠担任刑罚官，多次被免职。有人说："您就不能离开这里吗？"柳下惠回答说："坚持正道而侍奉君王，走到哪里又能不遭到多次罢免呢？若用邪道去侍奉君王，又何必离开自己的国家呢？"

三

齐景公待孔子曰："若季氏，则吾不能；以季孟之间待之。"曰："吾老矣，不能用也。"孔子行。

译文

齐景公谈到如何对待孔子时说："像鲁国君王对待季氏那样去对待孔子，我是做不到的。我要用介乎于季氏与孟氏之间的礼遇对待他。"又说："我已经老了，不能用他了。"孔子于是离开了齐国。

四

齐人归[①]女乐[②]，季桓子[③]受之，三日不朝，孔子行。

注释

①归：通“馈”。赠送。

②女乐：歌舞伎。

③季桓子：季孙斯，鲁国定公以至哀公被年时掌握鲁国实权的上卿。

译文

齐国给鲁国送来一批歌姬舞女，季桓子接受了，结果多日不理朝政。孔子于是离开了鲁国。

五

楚狂接舆歌而过孔子曰：“凤兮凤兮！何德之衰？往者不可谏，来者犹可追[①]。已而[②]，已而！今之从政者殆而！”

孔子下，欲与之言。趋而辟之，不得与之言。

注释

①追：赶得上。

②已而：停下，算了。

译文

楚国的狂人接舆走过孔子的车，边唱歌指责他。他唱道：“凤凰啊，凤凰！你的德行为何如此衰微？过去的不可再挽回，未来的还可以追得上。算了吧，算了吧！如今从政者多么危险啊！”

孔子下了车，想同他交谈，他却马上避开了，结果孔子未能同他说话。

六

长沮、桀溺[①]耦而耕[②]，孔子过之，使子路问津焉。

长沮曰："夫执舆[③]者为谁？"

子路曰："为孔丘。"

曰："是鲁孔丘与？"

曰："是也。"

曰："是知津矣。"

问于桀溺。

桀溺曰："子为谁？"

曰："为仲由。"

曰："是鲁孔丘之徒与？"

对曰："然。"

曰："滔滔者天下皆是也，而谁以易之？且而与其从辟[④]人之士也，岂若从辟世之士哉？"耰[⑤]而不辍。

子路行以告。

夫子怃然[⑥]曰："鸟兽不可与同群，吾非斯人之徒与而谁与？天下有道，丘不与易也。"

注释

①长沮、桀溺：这里并不是真的人名，指的是两个不知道真名实姓的隐士。

②耦而耕：耦耕是古代的一种播种方法。

③执舆：即执辔，拉马的绳子。这里指驾车。

④辟：同“僻”。

⑤耰 yōu：一种古代农具，用其碎土块，平整土地。

⑥怃然：怅然失意的样子。

译文

长沮、桀溺二人在田里耕地，孔子从他们那里经过，让子路去问渡口在何处。

长沮问：“那个驾车的人是谁？”

子路回答说：“孔丘。”

长沮又问：“是鲁国的那个孔丘吗？”

子路回答说：“是的。”

长沮说：“他应该知道渡口在哪儿。”

子路去问桀溺。

桀溺问：“你是谁？”

子路回答说：“我是仲由。”

桀溺又问：“你是鲁国孔丘的学生吗？”

子路回答说：“是的。”

桀溺说道：“天下大乱，像这滔滔洪水一样到处泛滥。你们同谁去改变这种现状呢？你与其跟随孔子这种逃避无道君王的人，还不如跟随我们这样逃避社会现实的人呢。”桀溺边说边不停地下种盖土。

子路回来将方才的事告诉了孔子。

孔子怅然道：“不可以与鸟兽同群，我不同天下的人在一起，又与谁在一起呢？如若天下有道，我也就不同大家一起变革了。”

七

子路从而后，遇丈人，以杖荷蓧[①]。

子路问曰："子见夫子乎？"

丈人曰："四体不勤，五谷不分，孰为夫子！"植[②]其杖而芸。

子路拱而立。

止子路宿，杀鸡为黍而食[③]之，见其二子焉。

明日，子路行以告。

子曰："隐者也。"使子路反见之。至，则行矣。

子路曰："不仕无义。长幼之节，不可废也；君臣之义，如之何其废之？欲洁其身，而乱大伦。君子之仕也，行其义也。道之不行，已知之矣。"

注释

①蓧 diào：古代除草用的农具。

②植：使竖立。

③食 sì：以食物款待。

译文

一次，子路随孔子出游，落在了后面，遇到一位老者，用杖挑着除草的竹器。

子路问这位老者："您看到过我的老师吗？"

老者说："四体不勤，五谷不分，谁知道哪个是你的老师？"说完，老者走到田地里，将杖插到地上，俯下身子去除草。

子路拱着手恭敬地站在一旁。

于是老者留子路到他家过夜，杀鸡、烧饭款待子路，又让他的两个儿子来同子路见面。

次日，子路辞别老者后上路，赶上了孔子，将昨日的事告诉了孔子。

孔子说："此人是一位隐士呀！"遂让子路返回去见那位老者。子路赶到他家，他已经出门了。

子路说："不出来做官是不合适的。长幼之间的礼节尚不可废弃，君臣之间的义理又怎能废弃呢？想让自身清白，却破坏了君臣之间的伦理关系。君子出来做官，是体现其行仁义，我们的思想学说不能实现，我们早已知道了。"

八

逸民①：伯夷、叔齐、虞仲②、夷逸③、朱张、柳下惠、少连④。子曰："不降其志，不辱其身，伯夷、叔齐与！"谓："柳下惠、少连，降志辱身矣，言中⑤伦，行中虑，其斯而已矣。"谓："虞仲、夷逸，隐居放言⑥，身中清，废⑦中权⑧。我则异于是，无可无不可。"

注释

①逸民：指节行超脱或避世隐居的人。

②虞仲：多认为是吴太伯的弟弟仲雍。

③夷逸：学者多认为这不是实名，而是一个在东夷隐逸不肯出仕的隐士的代称。

④少连：据《礼记》记载，孔子曾说他善于守孝。

⑤中：合乎。

⑥放言：不说话，指不谈世事。

⑦废：离弃。

⑧权：权宜。

译文

隐逸的人士有：伯夷、叔齐、虞仲、夷逸、朱张、柳下惠、少连。孔子说：“不改变自己的志向，不辱没自己的身价，这就是伯夷、叔齐吧！”又说：“柳下惠、少连降低自己的志向，玷污自己的身价，不过他们的言语合乎伦理，行为经过深思熟虑。他们就是这个样子了。”孔子谈到虞仲、夷逸时说：“他们避世隐居，不谈世事，保持自身的清白。放弃官位，也只是权宜之计。我和这些人不同，没有什么一定可以这样，也没有什么一定不能这样。”

九

太师挚[①]适齐，亚饭[②]干适楚，三饭缭适蔡，四饭缺适秦[③]，鼓方叔入于河，播鼗[④]武入于汉，少师阳、击磬襄入于海。[⑤]

注释

①太师挚：当与第八篇《泰伯》中“师挚之始”的“师挚”指一个人。

②饭：应是指“板”，乐师打板用的板，用于打拍子。

③三饭、四饭：也应是“三板”“四板”。

④鼗 táo：一种类似拨浪鼓的小鼓。

⑤这些乐师是鲁国的，鲁国礼崩乐坏，他们也四散而去。

译文

太师挚去了齐国，亚饭乐师干去了楚国，三饭乐师缭去了蔡国，四饭乐师缺去了秦国，打鼓的乐师方叔去了黄河一带，摇小鼓的武去了汉水之畔，少师阳与敲磬的乐师襄到海滨去了。

十

周公谓鲁公[①]曰："君子不施[②]其亲，不使大臣怨乎不以。故旧无大故，则不弃也。无求备于一人！"

注释

①鲁公：指周公的儿子伯禽。

②施：通"弛"。懈怠、松懈。

译文

周公对鲁公说："君子不怠慢他的亲属，不让大臣抱怨自己未被重用。旧交故友若无大的过失，就不要弃之不用。对于一个人，不要求全责备。"

十一

周有八士：伯达、伯适、仲突、仲忽、叔夜、叔夏、季随、季騧。[①]

注释

①这八人的具体事迹已不可考。

译文

周代有八位著名的人士：伯达、伯适、仲突、仲忽、叔夜、叔夏、季随、季騧。

子张第十九

一

子张曰:“士见危致命,见得思义,祭思敬,丧思哀,其可已矣。”

译文

子张说:“读书人遇有危难能献出生命;见到可到手的东西,想到道德是否允许;祭祀时所想的是恭敬严肃;办丧事时想到的是哀痛。这么做也就可以了。”

二

子张曰:“执德不弘[①],信道不笃[②],焉能为有?焉能为亡?”

注释

①弘:弘扬。

②笃:坚定,专一。

译文

子张说："持德却不能弘扬，信守道义却不坚持，这种人能说他有仁德吗？能说他没有仁德吗？"

三

子夏之门人问交[①]于子张。子张曰："子夏云何？"

对曰："子夏曰：'可者与之，其不可者拒之。'"

子张曰："异乎吾所闻：君子尊贤而容众，嘉善而矜不能。我之大贤与，于人何所不容？我之不贤与，人将拒我，如之何其拒人也？"

注释

①交：交友之道。

译文

子夏的学生向子张询问应如何交友。子张说："子夏对此有何说法？"

子夏的学生回答说："子夏说：'可交的人，则与他交朋友；不可交的人，则不与他交朋友。'"

子张说："我所听到的与此有所不同：君子尊敬贤人，也能容纳一般的人；夸赞善人，也可怜无能的人。如若我是个有才德的人，那对他人又有什么不能包容的呢？如若我是个无才德的人，人们就会拒绝同我交往，我又怎么会拒绝别人呢？"

四

子夏曰："虽小道，必有可观者焉；致远恐泥[①]，是以君子不为也。"

注释

①泥：不通达，拘泥。

译文

子夏说："虽说是小小的技艺，也必有可取之处。但要长远实行它，恐怕是行不通。所以，君子不用这种小小的技艺。"

五

子夏曰："日知其所亡，月无忘其所能，可谓好学也已矣。"

译文

子夏说："每天学些自己所没有的知识学问，每月不忘自己已掌握的能力本事。这样就是好学了。"

六

子夏曰："博学而笃志，切问而近思，仁在其中矣。"

译文

子夏说："广泛地学习知识学问，立志不变；恳切地提出问题，针对现实加以思索，这样仁就在其中了。"

七

子夏曰："百工居肆以成其事，君子学以致其道。"

译文

子夏说："各类工匠在各自的作坊里完成他们的活儿，君子孜孜以求地学习，以求得道理，掌握规律。"

八

子夏曰："小人之过也必文[①]。"

注释

①文：掩饰。

译文

子夏说："小人必定会掩饰自己的过失。"

九

子夏曰："君子有三变：望之俨然，即之也温，听其言也厉。"

译文

子夏说："君子有三种变化：一眼望去，一副庄重的模样；与之接触，觉得温和；听他说话，感到他严厉。"

十

子夏曰："君子信，而后劳其民；未信，则以为厉[①]己也。信而后谏；未信，则以为谤己也。"

注释

①厉：苛待，折磨。

译文

子夏说："君子先取得百姓的信任，而后再去使唤他们。没有取得百姓的信任就去使唤他们，他们会以为是在苛待他们。君子须在得到君王的信任后再进谏。如若没有得到君王的信任就去进谏，君王就会认为是在诽谤他。"

十一

子夏曰："大德不逾闲[①]，小德出入可也。"

注释

①闲：限制，约束。

译文

子夏说："人在大节方面不可超越界限，在其小节方面有点出入是可以的。"

十二

子游曰："子夏之门人小子，当洒扫应对进退则可矣，抑末[①]也。本之则无，如之何？"

子夏闻之，曰："噫！言游过矣！君子之道，孰先传焉？孰后倦焉？譬诸草木，区以别矣。君子之道，焉可诬也？有始有卒[②]者，其惟圣人乎！

注释

①抑末：非根本的小事。

②卒：停止，终止。

译文

子游说："子夏的学生，他们做些洒水扫地、迎送客人之类的事是可以的，只不过这是末节的小事。而礼乐的根本的东西，他们却没有学到。这怎么可以呢？"

子夏听到这话，说："唉！子游的话说得过头了。君子的思想学说，哪些是先生传授的呢？哪些是自己孜孜不倦地学习之后得到的呢？这正如草木一样，得有个种类区别呀。君子的思想学说，怎能随便诬蔑呢？有始有终地行事，那只有圣人吧！"

十三

子夏曰："仕而优则学，学而优则仕。"

译文

子夏说："做官了，还有余力就去学习；学习好了，有余力就可去做官。"

十四

子游曰："丧致乎哀而止。"

译文

子游说："服丧，能表现出服丧者的悲哀也就可以了。"

十五

子游曰："吾友张也，为难能也，然而未仁。"

译文

子游说："我的朋友子张，真可以说是难得的人了，不过，他还没有达到仁。"

十六

曾子曰："堂堂[①]乎张也，难与并为仁矣。"

注释

①堂堂：形容庄重大方。

译文

曾子说："庄重大方的子张，别人难于同他一道做到仁。"

十七

曾子曰："吾闻诸夫子，人未有自致者也，必也亲丧乎！"

译文

曾子说："我从老师那里听说过，人不会自动将感情全部释放出来，想必是在父母去世时，才会将感情全部表露出来。"

十八

曾子曰："吾闻诸夫子，孟庄子[1]之孝也，其他可能也；其不改父之臣与父之政，是难能也。"

注释

①孟庄子：鲁大夫孟献子仲孙蔑之子，名速。

译文

曾子说："我从老师那里听说过，孟庄子所尽的孝，其他人在别的方面可以做到，但在不改换其父的臣下，不改变其父的政治举措方面，其他人是难以做到的。”

十九

孟氏使阳肤[①]为士师[②]，问于曾子。曾子曰：“上失其道，民散久矣。如得其情，则哀矜而勿喜！”

注释

①阳肤：相传为曾子的弟子。

②士师：审判官。

译文

孟氏派阳肤做审判官，阳肤问曾子该如何办。曾子说：“当前执政者失去道义，民心涣散已很久了。你审案时若能得到罪犯的真实情况，你就应为他们的犯罪感到痛心，并怜悯他们，不要以为自己有多能干而沾沾自喜。”

二十

子贡曰：“纣之不善，不如是之甚也。是以君子恶居下流[①]，天下之恶皆归焉。”

注释

①下流：这里指因为有恶行而处在人之下的地位。

译文

子贡说：“纣王的无道，并不像传说中的那么严重吧。因此，君子最讨厌自己处于下流，一旦处于下流，天下种种罪名就都要归到自己身上。”

二十一

子贡曰：“君子之过也，如日月之食焉：过也，人皆见过；更也，人皆仰之。”

译文

子贡说：“君子犯的过失，就如日食月食一样，他的过失，人人都看得见；他纠正了过失，人人都敬仰他。”

二十二

卫公孙朝问于子贡曰：“仲尼焉学？”子贡曰：“文武之道，未坠于地，在人。贤者识其大者，不贤者识其小者。莫不有文武之道焉。夫子焉不学？而亦何常师[①]之有？”

注释

①常师：固定的老师。

译文

卫国的公孙朝问子贡说：“仲尼的学问是从哪里学习来的？”子贡回答说：“周文王周武王之道并未散失，仍在人间流传。有才德的人能学会文武之道中大的方面，无才德的人只能学会文武之道中小的方面，但都是文武之道啊！我们的老师哪能不学文武之道呢？又哪能有固定的老师呢？”

二十三

叔孙武叔[①]语大夫于朝曰：“子贡贤于仲尼。”

子服景伯以告子贡。

子贡曰：“譬之宫墙[②]，赐之墙也及肩，窥见室家之好。夫子之墙数仞[③]，不得其门而入，不见宗庙之美，百官[④]之富。得其门者或寡矣。夫子之云，不亦宜乎！”

注释

①叔孙武叔：姬姓，名州仇，谥号为“武”，曾任鲁国大夫，是孔子的政敌。

②宫墙：围墙。宫，围障。

③仞：古时的计量单位，七尺为一仞。

④官：房屋。这是“官”的本义，官职是官字以后的引申义。

译文

叔孙武叔在朝廷中对大夫们说：“子贡比他的老师孔子贤明。”

子服景伯将这话告诉了子贡。

子贡说：“就用围墙作个比喻吧。我的围墙只有人的肩膀那么高，人站在墙外就可以看到里面房屋的美好。我的老师的围墙好几丈高，若不从大门进去，就看不到里面像宗庙般的壮美及各式各样的房屋。能找到老师的大门的人大概很少吧。叔孙武叔先生那么说，不也是很自然的吗？”

二十四

叔孙武叔毁仲尼。子贡曰："无以[1]为也！仲尼不可毁也。他人之贤者，丘陵也，犹可逾也；仲尼，日月也，无得而逾焉。人虽欲自绝[2]，其何伤于日月乎？多[3]见其不知量也。"

注释

①以：此，这样。

②自绝：因自己的行为而被弃绝。

③多：只，仅仅。

译文

叔孙武叔诽谤仲尼。子贡说："不要这样做！仲尼是不可诽谤的。他人的贤良，有如山丘，还可以超越。仲尼就像日月那样，别人无法超越。有人自绝于太阳月亮，那对太阳月亮又有何损伤呢？只是见其多么不自量而已啊。"

二十五

陈子禽谓子贡曰："子为恭也，仲尼岂贤于子乎？"

子贡曰："君子一言以为知，一言以为不知，言不可不慎也。夫子之不可及也，犹天之不可阶而升也。夫子之得邦家者，所谓立之斯立，道之斯行，绥[1]之斯来，动[2]之斯和。其生也荣，其死也哀，如之何其可及也？"

注释

①绥：安抚。

②动：动员，调动。

译文

陈子禽对子贡说："你是自谦吧，仲尼哪能比你更贤良呢？"子贡说："君子说一句话就足可以看出他的聪明，当然，说一句话也可以看出他的无知。因此，君子说话不能不慎重啊。我的老师是不可赶上的，正像天上不可搭阶梯爬上去一样。我的老师若担任诸侯或卿大夫，他要百姓立于礼，百姓就会立于礼；引导百姓，百姓就会跟他走；安抚本地的百姓，远处的百姓就会来归顺；动员百姓，百姓都会响应。他生得光荣，死得可哀。这样的老师，我怎么能赶得上呢？"

尧曰第二十

一

尧曰："咨[①]！尔舜！天之历数在尔躬，允执其中[②]。四海困穷，天禄永终。"

舜亦以命禹。

曰："予小子履敢用玄牡，敢昭告于皇皇后帝：有罪不敢赦。帝臣不蔽，简在帝心。朕躬有罪，无以万方，万方有罪，罪在朕躬。"

周有大赉[③]，善人是富。"虽有周亲，不如仁人。百姓有过，在予一人。"[④]

"谨权量，审法度[⑤]，修[⑥]废官，四方之政行焉，兴灭国，继绝世，举逸民，天下之民归心焉。"

"所重：民、食、丧、祭。"

"宽则得众，信则民任焉，敏则有功，功则说。"

注释

①咨：感叹词。

②允执其中：真诚地坚持中正之道。允，诚信。执，保持。其，代词，那个。中，不偏不倚的中正之道。

③大赉：分封。赉，赐予。

④“虽有……一人”：根据刘宝楠《论语正义》中引宋翔凤的话，这四句是周武王分封诸侯之辞。

⑤法度：计量长度的标准。

⑥修：恢复。

译文

尧对舜说：“啧，你这位舜，上天安排的帝王王位就要落到你身上了。你要真诚地坚持中正之道。天下百姓如若陷入穷困之中，上天赐给你的禄位也就永远终结了。”舜也用这些话告诫禹。

商汤说：“我斗胆用黑公牛作祭品，禀告辉煌的天帝：有罪之人我决不敢赦免，天帝的臣仆的邪恶，我决不敢隐瞒，这一切您心中明白。若我有罪，切不要连累天下万方；天下万方若有罪，则由我来承担罪责。”

周初时分封诸侯，又使善人富起来。周武王说：“虽有近亲，但不如有仁人。百姓若有过错，罪责会在我一人身上。”

孔子说：“谨慎地审查度量衡，恢复废弃了的官职，国家的政令在全国各地就能畅行无阻了。复兴亡国，使已断绝了的后代再度承袭，提拔被遗弃了的人才，天下的百姓就归顺了。”

“执政者重视的是百姓、粮食、丧礼和祭祀。”

“执政者宽容，就会得到百姓的拥护，诚信则会得到百姓的信任，奋勉则会取得功绩，有成效则百姓高兴。”

二

子张问于孔子曰："何如斯可以从政矣？"

子曰："尊五美，屏[1]四恶，斯可以从政矣。"

子张曰："何谓五美？"

子曰："君子惠而不费，劳而不怨，欲而不贪，泰而不骄，威而不猛。"

子张曰："何谓惠而不费？"

子曰："因民之所利而利之，斯不亦惠而不费乎？择可劳而劳之，又谁怨？欲仁而得仁，又焉贪？君子无众寡，无小大，无敢慢，斯不亦泰而不骄乎？君子正其衣冠，尊其瞻视，俨然人望而畏之，斯不亦威而不猛乎？"

子张曰："何谓四恶？"

子曰："不教而杀谓之虐，不戒视成谓之暴，慢令致期谓之贼，犹之与人也，出纳[2]之吝谓之有司[3]。"

注释

①屏 bǐng：除去，摈弃。

②出纳：在这里偏"出"义。

③有司：管理库府的小官。他们精于算计财物出入，显得刻薄而小家子气。

译文

子张向孔子问道："怎样做才可以从政呢？"

孔子说："遵守五种美德，戒掉四种恶行，则可以从政了。"

子张问道:“五种美德是什么呢?”

孔子说:“君子给百姓好处,而自己并不耗费;役使百姓,而百姓并不怨恨;追求仁德,并不贪婪;泰然处置一切,却并不傲慢;威严庄重却并不凶狠。”

子张问道:“给百姓好处,而自己并不耗费,这是什么意思呢?”

孔子说:“让百姓做对他们有利的事,不就是使百姓得到好处而自己不耗费吗?选择百姓能干的事情让他们去干,百姓有谁会怨恨呢?自己追求仁德而得到了,还贪求什么呢?凡君子,不管人多少,势力大小,都不敢怠慢,这不就是泰然处置一切,并不傲慢吗?君子衣冠整整齐齐庄重严肃,让人看见就敬畏,这不就是威严庄重却并不凶狠吗?”

子张问道:“四种恶行又是什么呢?”

孔子说:“事先不教育教化就妄加杀戮,这叫虐;事先不告诫而求尽快成功,这叫暴;一开始松,而后突然限期做成,这叫贼;好像是要给予人的,可到出手时又舍不得,这叫有司的吝啬。”

三

子曰:“不知命,无以为君子也;不知礼,无以立也;不知言,无以知人也。”

译文

孔子说:“不知道天命,就不能做君子;不懂得礼节,就不能立身处世;不会判别他人的言论,就不能了解他人。”